니체,
세상을 넘어 나만의 길을 가다

10대에 마주하는 인문 고전_03

니체,
세상을 넘어 나만의 길을 가다
Friedrich Nietzsche

최강순 지음

글라이더

"10대, 책을 통해 세상과 마주하라!"

10대에 만나 평생을 사는
활력장치를 가질 수 있는 책!

어디로 가는지도 모를 교육 광풍의 전쟁터에서 아이들은 저항조차 못하고 그 상처는 실로 처참합니다. 소위 금수저를 물려주지 못해 늘 가슴 한켠이 시린 부모들은 아이들 보다 더 아픕니다.

경제적인 잣대로만 사람을 저울질하는 세상에 끌려다니지 말고 우리 모두 그 잣대를 내려놓아버리면 어떨까요. 지금 당장 나부터 그렇게 하는겁니다. 그러면 누구도 그 잣대로 억울한 꼴을 당하지 않아도 될 텐데요.

우리 아이들이 저마다 자기 빛깔에 자긍심을 회복하고 아름다운 자기만의 향기를 지켜낼 마음의 근력을 키워가며 〈10대에 마주하는 인문 고전〉 시리즈를 만나 평생을 사는 활력장치를 가질 수 있길 바랍니다.

– 학교도서관문화운동네트워크 사무처장 **김경숙**

거인의 어깨에서 세상을 보는 책!

10대는 자신과 이웃, 세상, 자연, 우주 등에 대해 늘 질문을 던지며 새로운 지식과 지혜를 배우는 시기입니다. 그러기 위해서는 무엇보다도 친구가 필요합니다. 친구와 함께 질문을 던지고 답을 찾는 모험을 떠나보길 권합니다. 더 많은 모험을 하는 데에는 역시 책이 큰 도움이 됩니다. 다른 세상으로 들어갈 수 있는 문인 책은 읽는 사람 누구든지 자유로운 상상을 통해 어디라도 데려다 줍니다.

책 가운데서도 오랜 역사를 통해 수많은 사람들에게 도발적인 질문을 던지고 무한한 상상으로 한계를 극복하게 해준 책이 고전입니다. 그래서 10대에는 이들 고전을 꼼꼼하고도 정열적으로 읽어야 합니다. 그래야 인류가 지나오면서 단단하게 쌓아온 정당한 질문과 해답 찾기를 내 것으로 만들 수 있습니다. 그런 연후에 새로운 상상과 생각을 가질 수 있고, 그것이 더 나은 세상을 만들 것입니다. 그것이 성장이고 진보입니다.

그런 점에서 〈10대에 마주하는 인문 고전〉 시리즈는 거인의 어깨와도 같습니다. 더 높은 곳에 올라 더 넓은 세상을 볼 수 있도록 도와줍니다. 이 책을 읽을 때에도 그저 맹목적으로 읽는 것이 아니라 그 내용 하나하나를 꼼꼼하게 분석하고 도전하고 끝까지 파헤쳐, 나 자신을 제대로 만들어 가는 도구로 삼기를 바랍니다.

– 도서관문화비평가 **이용훈**

청소년을 위한 인문 교육, 철학 교육, 역사 교육, 시민 교육, 진로 교육, 노동 교육, 독서 교육, 공부 방법을 이 한 권에!

〈10대에 마주하는 인문 고전〉 시리즈는 그 내용을 친근한 어투로 설명해줍니다. 지은이 자신의 체험까지 곁들여 가며 참으로 친절하게 설명해주지만 그 메시지는 결코 무르지 않습니다. 생각에 그치지 말고 실천하라는 것, 그것을 통해 세계를 변화시키라는 것입니다.

지은이는 독자들에게 '다른 시선을 통한 변화'를 얘기합니다.

"세상은 다르게 바라보는 사람에 의해 항상 변해 왔다는 것을 잊지 말라"고 당부합니다. 여기서 말하는 '다르게 보기'는 의심하고 분석하는 것, 곧 '달리 생각하기'이고, 나아가 '주체적으로 살아가기'입니다.

결국 그로부터 '세상의 변화'가 움틀 것입니다. 그 변화 속에서 새로운 사회, 새로운 문화, 새로운 환경이 만들어질 것입니다.

〈10대에 마주하는 인문 고전〉 시리즈는 청소년들의 생각이 자라나게 하는 인문 교육, 철학 교육, 역사 교육, 시민 교육, 진로 교육, 노동 교육, 독서 교육, 공부 방법 등 여러모로 쓸모가 있는 책입니다.

- 학교도서관저널 주간 **연용호**

새로운 질문을 통해
새로운 사회를 만나는 안내서!

인문학 열풍은 남녀노소를 불문하고 우리사회의 '대화와 소통'이라는 큰 화두를 계속 던지며 여러 생각과 사상이 어우러지는 융합·통합하는 세상을 그리고 있습니다.

청소년의 키워드는 '성장', '젊음', '저항'입니다. 이것이 청소년기를 이끌어가는 동력이며, 다양한 학문과 사상을 만나고, 질문과 탐구를 배우는 시기입니다. 삶에서의 찬란함, 웅장함, 가능성 등 많은 에너지를 얻는 것이지 어떠한 결과를 내는 시기가 아닙니다. 그러한 맥락에서 청소년기의 독서는 매우 훌륭한 밑거름이 됩니다.

〈10대에 마주하는 인문 고전〉 시리즈는 어렵게만 느껴지던 이론과 학문을 청소년의 시각에서 잘 풀어내며 우리사회의 문제제기를 통해 여러 질문을 접하고 사색하는 기회를 제공해 줍니다. 독자는 사색하는 과정을 통해 '새로운 질문'을 발견할 것이며 앞으로 탐구할 수 있는 역량을 기르는 계기가 될 것입니다.

〈10대에 마주하는 인문 고전〉 시리즈를 통해 질문과 탐구라는 훈련을 거쳐 향후 어떠한 과정에서도 한 곳에 치우쳐 선택하거나 그 가치를 부정하는 것이 아닌 새로운 방법과 의견을 제시할 수 있는 현명함과 그 토대를 형성하기를 바랍니다.

- 응암정보도서관 사서 **강찬욱**

"너의 운명을 사랑하라!"
(Amor Fati)

아모르파티 Amor Fati

어디서 들어 본 적 있나요? 니체의 말입니다. '너의 운명을 사랑하라' 는 뜻입니다. 자신의 운명을 사랑한다면 사는 게 크게 어렵지 않을 것 입니다. 하지만 주변을 둘러보면 학생이든 어른이든 때론 사는 게 두렵고 힘들다고 하는데요, 내일 일을 알 수 없고 정답도 없기 때문인 것 같습니다.

힘들고 두려워도 걸어가야 합니다. 가다 보면 길을 잃기도 하고 여러 갈림길에서 머뭇거릴 수도 있습니다. 평탄한 길을 만날 때도 있고, 자갈길을 걸어야 할 때도 있습니다. 자갈길이라도 자신의 길로 만들 수 있다면 그것이 나의 길이 되는 것입니다. 자신의 길을 가는 것만큼 멋진 인생은 없습니다. 세상이 정해놓은 길이 아닌, 자신의 길을 가는 것이 우리가 이 세상에 온 이유입니다.

그러나 자신의 길을 간다는 것은 말처럼 쉽지 않습니다. 외롭고 위험하기도 합니다. 그것은 세상과 현실이 정해놓은 안전한 울타리를 벗어나는 것이기 때문이지요. 그래서 사람들은 학교와 사회가 요구하는 길을 선택합니다. 그 길은 안전하지만 즐겁지는 않습니다. 이것도 쉽지 않고 저것도 쉽지 않습니다. 참 고민입니다. 고민을 해결해 줄 누군가 있으면 좋겠는데 그럴만한 선배나 친구가 흔치 않습니다. 그들도 남의 고민을 들어줄 만큼 여유가 없기 때문입니다.

그래서 요즘 사람들이 인문학에 관심을 갖나 봅니다. 인문학은 인간과 삶을 얘기합니다. 인류의 스승과 천재들이 치열하고 깊이 있게 인간과 삶, 세상과 진리에 대해 고민한 결과가 인문학입니다.

하지만 인문학 책을 읽기란 생각처럼 쉽지 않습니다. 읽어본 사람은 알 것입니다. 연애소설처럼 재미있지도 않고, 잘 이해가 되지 않아 중간에 포기했던 경험도 많을 것입니다.

인문학은 글이기 이전에 작가의 삶과 생각의 결과입니다. 그들도 우리와 똑같은 실패와 좌절을 겪었고, 인생의 고통을 어떻게 극복할 것인가 생각했습니다. 그래서 그들의 글을 읽기 전에 그들의 삶을 봐야 합니다. 글에 대한 이해보다 인간에 대한 이해가 먼저입니다.

우리에게 가장 익숙한 『논어』를 예로 들어 보겠습니다. 『논어』는 공자와 제자들이 나눈 대화를 기록한 글입니다. 누구나 한 번씩 들춰 봤지만 책의 명성에 비해 내용이 마음에까지 잘 다가오지 않습니다. 하지만 공자의 삶을 알고 보면 조금 달라집니다.

공자는 동양의 가장 위대한 스승이기 이전에 14년 동안 세상을 떠돌며 실패와 절망을 경험했던 사람입니다. 상갓집 앞에서 서성거리는 개라는 모욕까지 받았습니다. 『논어』에 고스란히 들어있는 좌절의 긴 세월이 인간 공자와 책 내용을 더 깊이 이해하는데 많은 도움을 줍니다.

니체 역시 그렇습니다. 니체의 철학은 그의 삶과 떼어낼 수 없습니다. 그의 삶이 철학이고 그의 철학이 삶이기 때문에 니체 철학을 그의 삶과 별개로 읽는다는 것은 알맹이가 없는 호두 껍데기와 같습니다.

니체는 다섯 살 때 아버지를 잃고 여섯 명의 여자들과 어린 시절을 보내야 했습니다. 그래서 사람들과 어울리는 것보다 혼자 있는 것을 좋아했고 주로 자연을 벗 삼아 시간을 보냈습니다. 니체는 스물다섯 살에 박사학위도 없이 스위스 명문 바젤 대학의 교수가 됩니다. 천재였던 것입니다. 많은 천재들이 그랬듯이 니체의 삶도 평범하지 않았습니다.

평생을 외롭게 보냈으며 한 곳에 오랫동안 정착하지 못하고 여러 곳을 방랑했습니다. 인생의 많은 시간을 고문을 받는 것 같은 육체의 고통에 시달렸습니다. 니체가 처음이자 마지막으로 사랑했던 한 여인은 그에게 깊은 상처만 안겨주었고, 지긋지긋한 육체의 고통 속에서 썼던 위대한 책들은 살아있을 때 거의 주목을 받지 못했습니다.

니체의 삶은 고독, 실패, 방랑, 질병의 고통이 끊임없이 반복되는 비극 그 자체였습니다. 그런데도 니체는 인간을 나약하게 만드는 세상의 가치와 싸우며 삶에 대한 긍정, 운명에 대한 사랑, 자신에 대한 극복을 가르쳤습니다. 이것이 바로 니체에게 감동하는 이유입니다.

니체의 삶은 저 깊은 골짜기의 바닥으로 추락하는 외로움과 세상의 외면 속에서도 주저앉지 않았습니다. 죽음보다 더 끔찍한 고통이 계속 반복되더라도 "그래, 다시 한 번 살아보자"라고 외쳤습니다.

니체는 여러 가지 모습으로 다가오는 시련을 매 순간 극복해야 했습니다. 그는 고통의 삶을 피하거나 원망하지 않았고 오히려 자신의 운명을 사랑했습니다.

니체의 이러한 삶에 대한 태도는 『즐거운 학문』에 '아모르파티'(너의 운명을 사랑하라)라는 유명한 말을 남기게 됩니다.

니체의 글은 눈보다 마음으로 읽으면 좋습니다. 니체의 사상을 너무 어렵게 볼 필요는 없습니다. 그가 가르쳐 주는 내용을 읽고 질문하고 생각하고 삶에 적용할 수 있으면 됩니다.

다른 사람이 강요하는 삶에 지쳐 나만의 나로 살기를 원하는 사람은 니체를 읽어야 합니다. 니체의 단호하고 날카로운 말들은 고민하고 방황하는 머리에 내리치는 번갯불이 될 것입니다.

이제 한 겨울의 추위만큼 외롭고 죽음을 부르는 고통에도 운명을 사랑하고 삶을 긍정했던 위대한 철학자를 만나러 갈 시간입니다. 니체를 읽으면서 자신의 운명을 사랑할 수 있는 방법을 찾아 봅시다.

2016년 10월

최강순

실존주의의 선구자이자 천재철학자 니체

▲ 프리드리히 니체(Friedrich Nietzsche, 1844년 10월 15일 ~ 1900년 8월 25일) 19세기에 활동했던 독일의 시인, 음악가, 문헌학자, 문화 비평가, 심리학자, 계보학자, 미학자, 철학자이다. 급진적인 사상으로 실존주의, 포스트모더니즘에 가장 많은 영향을 미쳤으며, 현대 철학의 근간을 마련했다. 『차라투스트라는 이렇게 말했다』 외에 『도덕의 계보』, 『비극의 탄생』, 『우상의 황혼』, 『이 사람을 보라』, 『인간적인, 너무나 인간적인』, 『즐거운 학문』 등 다수의 저서를 남겼다.

Also
sprach Zarathustra.

Ein Buch
für
Alle und Keinen.

Von
Friedrich Nietzsche.

Chemnitz 1883.
Verlag von Ernst Schmeitzner.

▲ 루 살로메와 파울 레, 니체

▲ 『차라투스트라는 이렇게 말했다』
   초판 표지

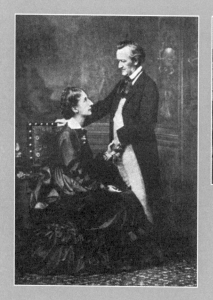

▲ 바젤대학교

◀ 바그너와 코지마

▲ 청년 시절과 바젤대학교 교수 시절의 니체

▼ 독일 뢰켄에 있는 니체 가족의 묘소

삶의 바닥에서
피워 올린
니체의 철학

1

니체가 청년이 되기까지

니체의 탄생과 아버지의 죽음

1844년 10월 15일 독일 프로이센의 시골마을 뢰켄에서 한 아이가
태어납니다. 아이의 아버지는 그 지역 목사였고 어머니도 독실한 목
사 집안의 딸이었습니다. 아이가 태어난 날은 공교롭게도 프로이센의
왕 프리드리히 빌헬름 4세의 생일이었습니다. 아버지는 매우 기뻐하
며 아이에게 왕과 똑같은 이름을 지어주었습니다. 그 아이가 서양 유
럽을 지배하는 가치를 뒤엎고 현대 철학으로 가는 문을 여는 프리드
리히 빌헬름 니체(Friedrich Wilhelm Nietzsche)입니다.

니체의 아버지는 그 지역 목사였기 때문에 니체 가족은 교회가 딸
린 집에서 살았습니다. 할머니, 두 명의 고모, 하녀와 함께 생활한 니
체 가족은 여동생 엘리자베트와 막내 동생 요제프가 태어나면서 시

끌벅적한 대가족이 되었습니다. 은은하게 울리는 교회 종소리와 꽃과 나무로 둘러싸인 주변 풍경은 니체 가족에게 행복과 평화로움을 더해 주었습니다.

그렇게 구름 한점 없을 것 같던 니체 가족에게 갑작스럽게 어둠이 밀려들었습니다. 니체가 네 살이었던 1848년 가을, 니체의 아버지가 쓰러진 것입니다. 의사는 아버지의 병을 뇌 일부가 썩어가는 액화괴사라고 진단했습니다. 아버지는 하루하루 끔찍한 고통을 견디며 점점 쇠약해졌고, 결국 1849년 7월에 가족을 남기고 세상을 떠났습니다.

고작 다섯 살의 어린 니체에게 아버지의 죽음은 엄청난 충격이었습니다. 아버지의 사랑이 한창 필요한 나이의 아이가 감당하기에는 너무나 큰 시련이었습니다. 평생 아버지의 따뜻한 품을 그리워 했던 니체는 마지막 저서 『이 사람을 보라』에서 일찍 세상을 떠난 아버지에 대해 다음과 같이 쓰고 있습니다.

"내 아버지는 36세에 타계했다. 그는 섬세하고 상냥했지만 병약했다. 마치 삶을 단지 스치고 지나가도록 규정된 존재와도 같았다. 아니, 삶 자체를 살고자 한다는 것보다는 삶에 대한 좋은 기억만을 갖도록 규정된 존재와도 같았다."

슬픔이 채 가시기도 전에 또 하나의 불행이 다가왔습니다. 아버지가 돌아가시고 몇 달 뒤 니체는 무섭고 기분 나쁜 꿈을 꿨습니다. 꿈에서 아버지는 무덤 속에서 걸어 나와 교회로 들어갔습니다. 잠시 뒤 아버지는 아이를 품에 안고 다시 무덤 속으로 사라졌습니다. 니체의 불길한 꿈이 현실이 되는 데는 그리 오랜 시간이 걸리지 않았습니다.

다음 날 아침 건강했던 막내 동생 요제프가 갑자기 경련을 일으키더니 몇 시간 뒤 세상을 떠나고 말았습니다. 남동생도 아버지의 무덤 옆에 묻혔습니다. 새로운 목사를 위해 집을 비워야 했던 니체 가족은 인근 도시인 나움부르크로 이사를 했습니다. 어머니, 할머니, 여동생 엘리자베트, 두 명의 고모, 하녀와 살아야 했던 나움부르크에서의 생활은 가족 중에서 유일한 남자인 니체에게 큰 변화였습니다.

니체는 여섯 명의 여자들에게서 벗어나기 위한 혼자만의 시간을 좋아했습니다. 특히 어머니와 여동생과의 관계는 평생 평화롭지 못했습니다.

니체가 정신을 잃기 직전에 쓴 『이 사람을 보라』에서 묘사한 어머니와 여동생의 모습은 니체가 얼마나 어머니와 여동생을 싫어했는지 짐작할 수 있습니다.

"나와 가장 철저하게 대립하는, 생각할 수 없을 정도로 상스러운 본능을 찾아보게 되면, 언제나 나는 내 어머니와 여동생을 발견한다. 이런 천민들과 내가 친족이라고 믿는 것은 나의 신성함에 대한 하나의 불경이리라. 내 어머니와 여동생이 나를 대했던 것에 관한 내 경험은 지금 이 순간까지도 말할 수 없을 만큼의 공포를 내게 불러일으킨다. … 하지만 고백하거니와 나의 진정한 가장 깊은 사유인 영원회귀에 대한 가장 철저한 반박은 언제나 어머니와 여동생이다."

똑같은 삶이 영원히 반복한다는 자신의 영원회귀 사상에서 두 여인은 거부하고 싶다는 마지막 문장은 두 여인과의 관계가 순탄하지 않았음을 보여줍니다.

여인들의 섬에 고립된 니체는 초등학교 시절에도 아이들과 잘 어울리지 않았고, 친구들은 항상 혼자 있는 그를 꼬마 목사라고 불렀습니다. 또한 주변의 의견이나 시선을 의식하지 않고 자신의 생각에 따라 행동하는 경우가 많았습니다. 어린 시절 한 일화가 이러한 성향을 잘 보여줍니다.

학교가 끝날 무렵에 갑자기 소나기가 내리자 아이들은 조금이라도 비를 덜 맞기 위해 헐레벌떡 집으로 뛰어갔습니다. 그 뒤에서 니체는 내리는 비를 다 맞으며 천천히 걸었습니다. 그 모습을 본 어머니는 달리라고 소리쳤지만 니체는 아랑곳하지 않았습니다.

고전 인문학에 눈을 뜨다

열네 살이 된 니체는 1858년에 나움부르크 근처에 있는 기숙사 명문학교 슐포르타에 입학했습니다. 처음으로 가족과 떨어지는 니체는 드디어 여인들의 섬에서 탈출할 수 있었습니다.

슐포르타는 군대식 규율을 적용하는 엄격한 기숙사 학교였습니다. 고전 인문학 분야에서 유명했기 때문에 니체는 자연스럽게 그리스 로마의 고전 문학에 빠져 들었습니다.

아버지를 잃고 여인들의 세상에서 자란 니체에게 슐포르타 입학은 학문 이외에 강인하고 남성적인 감성을 배울 수 있는 소중한 기회였습니다.

니체는 학교를 졸업하기 전에 인생에서 가장 기억에 남는 두 가지 내용을 기록했습니다.

첫 번째는 아버지의 죽음입니다. 아버지의 도움과 가르침을 받지 못했지만 그 대신에 신중함과 조용히 성찰하는 싹을 영혼에 심을 수 있었다고 했습니다.

두 번째는 슐포르타에 입학한 것입니다. 그곳에서 다양한 분야의 학문과 예술을 접했으며, 수학을 제외한 모든 것이 재밌었다고 고백했습니다. 특히 그리스 고전연구에 관심을 가졌고, 그리스 비극 작가인 소포클레스와 아이스킬로스, 그리고 플라톤을 읽을 때 가장 즐거웠다고 했습니다.

니체는 고대 그리스인들의 명랑한 삶에 큰 매력을 느꼈습니다. 고대 그리스인들의 건강한 삶은 절대 가치에 의해 나약해진 유럽인들의 삶과 달랐습니다. 수천 년 동안 서양을 지배한 전통 가치에 훼손된 고대 그리스인의 명랑함과 건강함을 되찾으려는 니체 철학의 뿌리가 이때부터 싹트기 시작한 것입니다.

이제 졸업을 앞둔 니체는 대학에서 공부할 전공과목을 선택해야 했습니다. 어머니는 당연히 신학을 선택하길 원했습니다. 아버지를 따라 목사가 되었으면 했기 때문입니다. 하지만 니체는 고전 문헌학을 공부하고 싶었습니다. 그래서 니체는 어머니가 원하는 신학과 자신이 원하는 고전 문헌학을 함께 전공하기로 합니다.

6년간의 슐포르타 생활을 마친 니체는 스무 살인 1864년, 본(Bonn) 대학에 입학합니다. 본 대학에서 1년여 동안 니체는 친구들과 어울리며 여러 가지 경험을 했습니다. 많은 시간을 공부보다는 음악과 연극 관람, 작곡을 하면서 술도 마시며 보냈습니다.

본인이 허송세월을 보냈다고 할 만큼 본에서의 생활은 니체에게 어떠한 삶의 의미도 제공하지 못했습니다.

1865년 부활절 휴가 때 집에 돌아온 니체는 기독교 신앙의 힘으로 살아가는 어머니에게 충격적인 말을 했습니다. 기독교 이야기는 사람들이 꾸며낸 거짓이며, 자신도 이제 신학 공부를 포기하고 기독교와 결별하겠다고 한 것입니다.

아들 니체가 아버지를 따라 목사가 되는 모습을 꿈꾸며 남편을 잃은 아픔을 이겨냈던 어머니는 깊은 충격을 받았습니다. 어머니는 니체를 설득해 보았지만 니체의 뜻을 꺾지는 못했습니다. 상처를 받은 어머니와 달리 니체는 마음의 큰 짐을 덜어낼 수 있었습니다.

이제 고전 문헌학에 집중할 수 있게 된 니체는 자신이 좋아했던 리츨 교수를 따라 라이프치히(Leipzig) 대학으로 옮기기로 결심했습니다.

2

헌책방에서 만난 스승

철학 스승, 쇼펜하우어를 만나다

니체는 큰 짐을 덜어내고 라이프치히에 도착했지만 우울하고 무기력했습니다. 본 대학에서 무의미하게 보낸 시간이 자꾸 머리에 떠올랐기 때문입니다.

니체가 삶의 의미를 잃고 정신적으로 방황할 때 라이프치히의 헌책방에서 자신의 철학 스승이 될 책 한 권을 만나게 됩니다. 책 곳곳에서 '인간의 삶은 고통이다'라고 외치는 단호함이 니체의 시선을 단숨에 사로잡았습니다. 저자의 명쾌하고 독창적인 논리는 니체가 책을 내려놓는 것을 허락하지 않았습니다. 그 책은 쇼펜하우어의 『의지와 표상으로서의 세계』였습니다. 니체는 염세주의 철학자 쇼펜하우어의 책을 접했을 때의 떨림에 대해 『라이프치히에서 보낸 2년에 대한 회고』에 다음과 같이 썼습니다.

"그 무렵 나는 몇몇 고통스러운 경험과 실망을 가슴에 안고서 누구에게도 의지하지 못한 채 방황하고 있었다. 신조도 없고, 희망도 없고, 즐거운 추억도 없는 상태였다. 바로 이런 상태에서 쇼펜하우어의 책을 읽는다는 것이 어떤 작용을 했는지 상상을 해보기 바란다.

어느 날 나는 헌책방에서 이 책을 발견했고, 낯선 책이라 생각하며 손에 들고 책장을 넘겨보았다. 어떤 악마가 내 귀에다 대고 '이 책을 사가지고 돌아가라'고 속삭였는지도 모른다. 어쨌든 나는 책을 서둘러 사지 않는 평소의 습관과 달리 그 자리에서 책을 사서 집에 돌아왔다. 집에 와서 나는 획득한 보물을 들고 소파의 구석에 처박혀, 정력적인 암울한 천재가 미치는 마력에 몸을 맡겼다. 여기서 모든 문장은 금욕과 부정과 체념을 외쳐댔고, 그것은 나에게 세계, 인생, 자신의 기분을 무서울 만큼 분명하게 비춰주는 거울이었다."

니체가 철학자로 살아가는데 큰 영향을 준 쇼펜하우어는 외롭고 고립된 삶의 새로운 안내자가 되었습니다. 니체는 쇼펜하우어주의자가 되었고 친구들에게 쇼펜하우어의 철학을 알리기 시작했습니다. 니체는 쇼펜하우어의 날카롭고 반항적이면서, 세련되고 설득력 있는 스타일을 매우 좋아했습니다. 하지만 삶을 고통으로 보고, 체념과 욕망의 억제로 고통을 극복하는 쇼펜하우어의 염세주의 철학을 니체는 받아들이지는 않았습니다.

니체가 자신의 첫 번째 책인 『비극의 탄생』에서 인용한 미다스 왕과 실레노스의 대화는 염세주의가 무엇인지 가장 잘 보여줍니다.

손을 대는 것마다 황금으로 변하게 하는 미다스 왕이 현명한 실레노스에게 인간에게 가장 좋은 것이 무엇인지 물었습니다. 실레노스는 다음과 같이 대답했습니다.

"하루살이 같이 가련한 사람들이여, 우연과 고통의 자식들이여, 그대는 왜 나에게 그대가 듣지 않는 것이 가장 좋은 일을 말하게 하는가? 가장 좋은 것은 그대가 절대로 이룰 수 없는 것이다. 그것은 태어나지 않는 것이며 존재하지 않는 것이고 무(無)로 존재하는 것이다. 그러나 그대에게 그 다음으로 좋은 것이 있다면 그것은 바로 죽는 것이다."

세상에 태어나지 않는 것이 가장 좋은 것이고, 두 번째로 좋은 것은 죽는 것이라는 염세주의의 대표 철학자가 쇼펜하우어입니다.

의지의 세계, 표상의 세계

여기서 잠시 니체를 사로잡았던 쇼펜하우어와 그의 책 『의지와 표상으로서의 세계』를 알아보겠습니다.

의지와 표상의 세계를 이해하기 위해서는 18세기 대표 철학자 칸트의 세계관을 알아야 합니다. 쇼펜하우어는 자신이 칸트 철학을 계승한다고 믿었습니다.

칸트는 세계를 현상 세계와 물자체로 구분했습니다. 현상 세계는 우리가 보고 느끼는 세계입니다. 보고 느끼는 세계는 변하고 언젠가는 사라지기 때문에 사물의 본질이 아니라고 생각했습니다. 그래서 현상 세계와 구별되는 본질의 세계, 즉 사물이 있는 그대로의 세계를 물자체라고 했습니다. 물자체는 사물 그 자체라는 의미입니다.

간단한 예를 들어보겠습니다. 우리가 매일 보고 만지는 스마트폰이 있습니다. 3년 동안 애지중지하며 통화와 문자는 물론 인터넷이나 음악도 들었는데 어느 순간 고장이나서 사용할 수 없게 됩니다.

여기서 3년 동안 사용했던 스마트폰이 현상세계의 사물인 것입니다. 하지만 고장난 스마트폰을 버리면서 더 이상 볼 수도 만질 수도 없게 됩니다. 현상세계에서 사라진 것입니다. 그렇다고 그 스마트폰의 본질이 사라지는 것은 아닙니다. 기억 속에 그 스마트폰은 영원히 존재합니다. 이것이 물자체입니다. 물자체는 보거나 느낄 수 없고, 무엇이라고 규정할 수 없는 현상세계와는 다른 본질의 세계인 것입니다.

의지는 세계의 본질이지만 느끼거나 볼 수 없습니다. 의지는 표상으로 세상에 드러납니다. 표상의 세계는 사람마다 다르게 느낍니다. 독일산 자동차에 대해 어떤 사람은 멋있고 안전하다고 평가하고, 어떤 사람은 가격이 비싸서 싫다고 하는 것은 바로 의지의 차이 때문임니다.

쇼펜하우어는 의지를 세계의 본질로 보았고 존재하는 모든 것에는 의지의 세계가 있다고 했습니다. 삶이 고통스러운 이유는 끊임없이 욕망하는 인간의 의지 때문입니다.

인간의 삶은 고통이다

쇼펜하우어 철학은 인간의 고통에 대한 탐구입니다. 그는 부유한 아버지 덕분에 세계 여러 나라를 여행할 수 있었습니다. 그가 바라본 세상의 모습은 행복, 기쁨, 풍요, 아름다움이 아닌 고통, 권태, 불행, 가난이었습니다.

그래서 그는 '인간은 가난하거나 권태롭다'고 말했습니다. 인간은 부족함을 느낄 때 가난의 고통을 벗어나기 위해 몸부림칩니다. 부족함을 해결하지 못하면 가난의 고통은 계속됩니다. 반대로 돈을 많이 벌어 가난에서 벗어나면 만족을 느끼고 행복감에 취하게 됩니다.

그러나 그 행복의 순간도 어느 정도 시간이 지나면 권태라는 또 다른 고통이 슬그머니 찾아옵니다. 그래서 인간은 하나를 이루게 되면 또 하나를 이루려고 새로운 목표를 설정합니다. 자기 집이 없던 사람이 25평 아파트를 사고 나면 세상 부러울 것이 없을 것처럼 기뻐합니다. 하지만 한 달, 두 달, 한 해, 두 해가 지나면 지금보다 더 큰 35평 아파트를 원하게 됩니다.

이처럼 충족된 욕망은 또 다시 새로운 욕망을 낳습니다. 쇼펜하우어는 이 욕망의 의지가 인간을 고통스럽게 하는 원인이라고 했습니다. 인간이 존재하는 한 욕망하는 의지는 끝이 없기 때문에 고통도 영원하다는 것입니다. 그래서 고통스런 삶의 종착역은 죽음 밖에 없다는 것입니다.

쇼펜하우어는 서양 철학자 중 최초로 동양의 불교 사상을 접한 철학자입니다. 삶의 고통에서 벗어나는 방법에 대한 쇼펜하우어의 해답은 고통의 속박에서 벗어나 자유로운 상태에 이르는 불교의 해탈과 비슷합니다. 삶의 고통에서 벗어나기 위한 방법은 욕망의 원인인 의지를 부정하는 것입니다. 의지를 부정하면 욕망을 억제해서 평정심에 이를 수 있다는 것입니다.

니체의 핵심 사상 중 하나인 힘의 의지는 쇼펜하우어의 의지에서 영향을 받았습니다. 그러나 쇼펜하우어는 의지를 부정하는 반면, 니체의 의지는 자신을 극복하는 강인하고 명랑한 의지입니다.

3

천재 교수 니체, 바그너와 교류하다

고전 문헌학 교수가 되다

라이프치히에서 니체는 리츨 교수의 도움을 받아 고전 문헌학 분야에서 많은 성과와 의미 있는 결과를 만들어냈습니다.

스물세 살인 1867년, 대학에서 개최한 문헌학 논문대회에 응시해 당선되었고 그 논문을 문헌학 학술지에 발표했습니다. 학술지에 게재할 때의 표어는 "너 자신이 되어라"였습니다. 이미 이때부터 니체의 삶과 철학에 대한 목표는 사회와 다른 사람이 강요하는 삶을 극복하고 자기 자신이 되는 것이었습니다.

우리 양심은 끊임없이 '너 자신이 돼라'고 말하지만, 우리의 삶은 그렇지 못합니다. 그래서 니체는 계속 '내가 진정으로 좋아하는 것이 무엇인가?', '무엇이 나에게 소중한가?'와 같은 질문을 내 앞에 놓고 삶을 들여다보라고 충고합니다.

니체가 남들을 따라가는 삶에서 벗어나 위대한 자신으로 달아나라고 계속 외치는 것도 그런 이유입니다

한편 고전 문헌학 교수를 찾고 있던 스위스 바젤 대학은 니체가 발표한 몇 편의 논문들에 관심을 갖고 니체에게 상당한 호감을 보였습니다. 지도 교수인 리츨도 니체를 적극적으로 지원하여 마침내 바젤 대학은 니체에게 교수직을 제안하기로 결정합니다.

당시 니체는 대학 교수가 되기 위해 필요한 박사 논문이나 학위가 전혀 없었습니다. 나이도 교수가 되기에는 너무 젊은 스물다섯 살이었습니다. 역사와 전통이 있는 명문 대학에서 전혀 알려지지 않은 젊은이에게 파격 제안을 한 것입니다. 니체는 갑작스럽게 찾아온 엄청난 행운을 받아들였습니다.

니체는 그 뒤로 10년 동안 바젤 대학에서 문헌학 교수로 강의를 했습니다. 그는 여섯 살 때부터 대학 교수직을 내려놓은 서른다섯 살까지 30년 가까이 학교를 벗어나지 못했습니다.

친구들이 여러 가지 인생 경험을 쌓고 여자 친구를 만날 때 니체는 강의 준비와 연구를 했습니다. 또한 평소에 몸이 많이 아팠던 그는 자주 요양을 해야 했습니다. 보통 사람들과 다른 삶을 사는 고독한 천재들의 숙명처럼, 젊은 교수 니체도 그런 운명을 타고난 듯합니다.

바그너와의 우정 그리고 결별

니체는 바젤로 떠나기 바로 전 해인 1868년 가을 라이프치히에서 니체의 인생에서 가장 중요한 사람을 만나게 됩니다. 그는 이미 당대 최고의 음악가로 명성을 떨치고 있었습니다. 우연히도 그 음악가의 나이는 돌아가신 아버지와 같았습니다. 그 음악가는 우리에게도 너무나 친숙한 리하르트 바그너입니다.

니체는 바그너와의 첫 만남에서 그의 음악뿐 아니라 에너지 넘치는 인간적 매력에 푹 빠졌습니다. 두 사람은 쇼펜하우어에 대한 공통의 관심사로 금세 친해졌습니다. 바그너도 니체와 헤어지면서 자신이 살고 있는 스위스 루체른의 트립셴으로 와달라고 요청했습니다.

니체가 바젤에서 지낸 초기 몇 년 동안 니체에게 가장 중요한 일은 바그너와의 교류였습니다. 바그너는 루체른 외곽 트립셴에서 두 번째 부인이 될 코지마와 살고 있었습니다. 니체가 3년 동안 20번 넘게 방문했을 정도로 둘의 우정은 돈독했습니다. 니체가 『이 사람을 보라』에서 바그너에 대해 언급한 내용을 보면 당시 니체는 바그너주의자였고, 둘의 관계에는 구름 한 점 없이 완벽했습니다.

"리하르트 바그너와의 아주 친밀했던 교제, 그 외 다른 모든 인간관계는 유치하다 해도 무방하다. 어떤 대가를 치르더라도 트립셴에서 보냈던 날들을 내 인생에서 빼버리고 싶지 않다. 그 신뢰와 숭고한 행운의 날들을, 그 심오한 순간들을. 나는 다른 사람들이 바그너와 더불어 무엇을 경험했는지 알지 못한다. 그렇지만 우리의 하늘에는 구름 한 점 지나간 적이 없었다."

바젤에서 지낸 초기 3년 동안 니체의 삶은 바그너와의 교류 자체였습니다. 하지만 구름 한 점 없었던 두 사람의 하늘은 1876년 바그너 음악을 위한 바이로이트 축제를 계기로 깨져 버립니다.

니체는 두 번째 책 『반시대적 고찰』을 완성하고 바그너 축제에 참석하기 위해 바이로이트에 갔습니다. 그동안 바이로이트 축제의 재정 문제로 고민했던 바그너는 바이에른의 루드비히 왕의 후원금으로 모든 고민을 단번에 해결했습니다. 루드비히 왕은 바이로이트에 바그너의 새로운 집까지 제공해줬습니다. 바그너는 이 집에서 죽을 때까지 살았고, 이 집 마당에 묻혔습니다.

니체가 바이로이트에서 본 바그너와 그의 음악은 예전 스위스 트립셴에서 본 모습이 아니었습니다. 음악 축제는 돈과 권력이 있는 사람들이 서로 자신의 힘을 과시하고 뽐내는 친목 모임으로 전락했습니다. 바그너는 이미 예전의 명랑하고 강인한 예술가가 아니었습니다. 돈과 명예만을 쫓는 독일인들을 그대로 따라했고, 돈과 권력을 가진 자들 앞에 머리를 숙였습니다. 온 세상이 바그너에 열광할 때, 니체는 한 때 가장 소중했던 사람과의 기약 없는 이별을 했습니다.

4

육체의 고통도 넘어선 철학의 열정

19세기 유럽과 통일 독일의 탄생

1870년 프로이센은 통일 독일로 가는 마지막 걸림돌인 프랑스와 전쟁을 벌입니다. 조국이 치르는 전쟁을 외면할 수 없었던 니체는 대학의 허락을 받고 의무병으로 참여했습니다. 고통의 비명소리를 참아가며 부상병을 돌봤던 니체는 열악한 환경으로 인해 자신도 전염병에 감염됐습니다. 더 이상 전쟁터에서 임무를 수행할 수 없었습니다.

여기서 잠시 19세기 독일과 주변 국가들의 정세를 알아보겠습니다. 19세기 중엽 독일은 통일 국가가 아니었습니다. 수십 개의 지방 국가들이 모여 있는 영방국가였습니다. 프로이센, 바이에른, 오스트리아가 당시 독일에서 영향력을 행사하던 영방국가들입니다.

19세기 유럽 사회에 가장 큰 영향을 준 사건은 18세기 후반 프랑스

파리에서 일어났습니다. 절대 왕의 상징인 루이 16세의 목이 파리 시민들에 의해 잘린 것입니다. 프랑스 대혁명이라 불리는 이 엄청난 사건은 프랑스를 넘어 전 유럽 사람들에게 큰 충격을 가했습니다. 왕족들과 귀족들은 자신들이 누리는 확고한 지위가 무너지지 않을까 전전긍긍했고, 민중들은 봉건주의가 청산될 수 있다는 희망을 가졌습니다. 프랑스와 국경을 맞대고 있는 독일 지역은 더욱 동요하기 시작했습니다.

혁명의 혼란기에 프랑스를 장악한 인물이 나폴레옹입니다. 왕을 몰아낸 곳에서 그는 다시 황제가 되어 전 유럽을 상대로 전쟁을 벌입니다. 1806년 나폴레옹 군대가 베를린을 점령하면서 약 1,000년 동안 유지 되었던 신성로마제국은 해체됩니다.

나폴레옹 군대가 베를린의 브란덴부르크 문을 통과하는 장면은 모든 게르만 민족에게 크나큰 치욕이었습니다. 이제야 변화를 깨달은 독일 사회는 여러 분야를 재정비하기 시작했습니다. 특히 경제성장의 걸림돌이었던 독일 영방국가들 사이의 관세가 폐지됐습니다. 그 결과 독일 지역의 산업과 경제는 하루가 다르게 발전했습니다. 나폴레옹이 게르만 민족에게 가한 치욕이 오히려 민족주의와 단합 정신을 강화하는 기회가 된 것입니다.

전 유럽을 정복하며 영원할 것 같았던 나폴레옹 제국도 러시아 원정의 실패로 서서히 몰락했습니다. 그러나 그가 유럽 전 지역에 남긴 유산은 어마어마했습니다. 자유, 평등, 박애를 상징하는 프랑스혁명

사상이 유럽 전 지역에 유입되었으며, 민중들은 더 이상 영주나 군주에게 충성을 맹세하지 않았습니다.

독일어를 쓰는 게르만 민족이 사는 지역을 독일이라고 불렀지만, 아직 통일된 국가는 아니었습니다. 관세 철폐로 경제 통일은 이루었지만, 정치적으로는 아직 각각의 지방 국가로 남아있었습니다.

1848년 2월 프랑스에서는 시민혁명이 일어나 또 다시 프랑스 국왕이 물러납니다. 이에 용기를 얻은 독일에서도 통일과 자유를 원하는 목소리가 여기저기서 터져 나오기 시작했습니다.

그해 3월 오스트리아의 빈과 프로이센의 베를린에서 시민 계층, 노동자, 학생들이 거리로 나왔습니다. 그들은 통일독일 의회설립을 포함하는 여러 가지 안건을 요구했습니다. 긴급 소집된 독일 영방 의회는 독일 영방들과 오스트리아를 하나로 합치는 대독일 안과 독일 영방들만 합치는 소독일 안을 내놓았습니다. 결국 소독일 안이 채택되어 프로이센 왕을 새 제국의 황제로 결정했습니다. 그러나 프로이센의 빌헬름 4세가 이 안을 거부하면서 모든 것이 혁명 이전의 상황으로 되돌아갔습니다.

이때 독일 역사를 바꾼 강력한 인물이 등장했습니다. 프로이센의 수상 비스마르크입니다. 그는 1862년 수상 취임 연설에서 현재의 큰 문제들은 대화와 다수결에 의해서가 아니라 철(산업)과 피(전쟁)에 의해 결정된다는 유명한 말을 했습니다. 그래서 우리는 그를 철과 피의 재상, 즉 철혈재상이라고 부릅니다.

▲ 베르사유 궁전에서 열린 통일 독일 황제 즉위식
(가운데 흰옷 입은 사람이 비스마르크다.)

1866년 비스마르크의 프로이센이 독일 영방에서 강력한 힘을 발휘하자, 4백년 가까이 독일 영방의 강자였던 오스트리아의 힘이 상대적으로 약화됐습니다. 이러한 프로이센과 오스트리아 간의 갈등은 결국 전쟁으로 이어졌고 프로이센이 승리하게 되었습니다. 그동안 오스트리아가 주도했던 독일 영방이 해체되고, 프로이센이 주도하는 새로운 독일 영방이 결성됐습니다.

프로이센의 승리는 수백 년간 독일을 지배해온 오스트리아 합스부르크 왕가의 영향력을 무너트렸습니다. 이제 오스트리아는 독일에서 완전히 배제됐습니다.

게르만 민족이 통일로 가기 위해 넘어야 할 마지막 걸림돌이 남았습니다. 바로 프랑스입니다. 프로이센과 프랑스의 전쟁은 피할 수 없는 운명이 되었습니다.

니체가 의무병으로 참여했던 전쟁이 바로 프로이센-프랑스 전쟁입니다. 두 국가의 전쟁은 프로이센의 압도적인 승리로 끝났습니다. 승리자 독일은 프랑스의 심장 베르사유 궁전에서 통일 독일을 선포하고 새로운 독일의 황제 즉위식을 거행했습니다. 이로써 역사상 처음으로 통일 독일이 탄생했습니다. 독일은 65년 전 나폴레옹에게 당했던 치욕을 완벽하게 갚아준 셈입니다. 독일과 프랑스의 악연은 그 뒤 1차 세계대전, 2차 세계대전에서도 그대로 이어집니다.

전쟁의 포화 속에서 첫 번째 책을 쓰다

전쟁터에서 끔찍했던 악몽과 전염병의 고통에서 회복하고 학교로 돌아온 니체는 무리한 책 쓰기와 강의로 건강이 몹시 나빠졌습니다. 학교에 병가를 내고 몇 달간 요양을 한 니체는 바젤로 돌아와 자신의 첫 번째 책『비극의 탄생』에 대한 출판 계획을 세웠습니다.

니체는 전쟁의 포성이 울리고, 포탄이 떨어지는 순간에 이 책을 쓰기 시작했습니다. 그가 오랫동안 품어왔던 고대 그리스인들의 건강함과 명랑함에 대한 의문을 풀어내기 위한 작업이었습니다.

『비극의 탄생』에서 니체는 삶과 예술을 아폴론적인 것과 디오니소스적인 것으로 설명합니다. 아폴론은 태양의 신으로 균형, 절도, 질서를 의미합니다. 디오니소스는 포도주의 신으로 도취와 망각, 황홀과 일탈을 의미합니다. 그리스 비극 작품은 결국 아폴론적인 것과 디오니소스적인 것이 대결하고 결합하면서 꽃 피울 수 있었습니다.

인간이 상상할 수 있는 최고의 고통과 시련을 상징하는 비극 예술을 만들어낸 그리스인들은 삶을 부정하지 않고 오히려 긍정할 수 있었다는 것이 니체의 주장입니다. 니체는 이것이 그리스 정신이고 디오니소스 정신이라고 했습니다.

『비극의 탄생』은 나오자마자 학계로부터 엄청난 비판을 받았습니다. 니체를 지도했던 리츨 교수조차 술주정에 가까운 내용이라고 했을 정도였습니다. 그러나 칭찬하고 격려하는 사람들도 있었습니다. 바그너는 그리스 정신이 자신의 오페라로 다시 부활했다고 칭찬하는 『비극의 탄생』을 가장 아름다운 책이라고 했습니다. 니체의 책을 칭찬했던 여러 독자 중에서 마이젠부크 여사(귀족출신의 여성해방운동가)도 있었습니다. 이 책을 계기로 니체와 마이젠부크 여사는 오랫동안 많은 교류를 했습니다.

니체는 자신의 첫 책을 쓰는 과정에서 몸을 너무 혹사했습니다. 전쟁에서 얻은 질병으로 약해진 그는 휴식이 필요했지만 쉬지 않고 책 쓰기에 매달렸습니다. 평소에도 좋지 않았던 건강은 이때부터 돌이킬 수 없을 정도로 악화됐습니다. 머리가 깨지는 듯한 두통으로 자주 잠을 설쳤고 고통이 며칠 동안 계속됐습니다. 편두통 때문에 음식을 거의 먹지 못했고 조금이라도 먹으면 바로 토해버렸습니다. 고통의 나날이 반복되면서 탈진하는 날이 점점 늘어났습니다.

첫 번째 책으로 독일 문헌학계에서 소외된 니체는 이에 굴하지 않고 두 번째 책을 썼습니다. 프랑스와의 전쟁에서 승리한 독일인들의 천박한 현실주의를 비판하는 『반시대적 고찰』입니다. 1873년 1권을 출간하고 4권까지 완성하는데 4년이 걸렸습니다. 원래 시력이 좋지 않았던 니체는 극심한 눈의 통증과 두통을 이겨내며 책 쓰기에 매달렸습니다. 책 쓰기와 강의를 병행했던 니체의 건강은 더욱더 나빠졌습니다. 그를 진찰한 의사는 모든 활동을 당장 중단하고 휴양하라고 말할 정도였습니다.

책을 완성한 뒤 바이로이트에서 바그너와 결별한 니체는 그 충격으로 악화된 몸을 견디지 못하고 대학에 병가를 내야 했습니다. 대학으로부터 1년의 요양 허가를 얻은 그는 마이젠부크 여사가 있는 이탈리아 소렌토로 떠났습니다. 니체는 소렌토에서 몇 달 동안 휴식을 취하며 『인간적인, 너무나 인간적인』을 썼습니다.

니체는 소렌토로 떠나기 전 두 명의 중요한 친구들을 만납니다. 한 명은 피터 가스트라고 불리는 음악가였고 또 다른 한 명은 심리학자 파울 레였습니다.

바젤 대학에서 공부하던 피터 가스트는 니체의 저서와 강의에 매료된 니체주의자였습니다. 음악가였던 가스트는 니체에 대한 존경심으로 조수를 자처하며 그를 진심으로 도왔습니다. 가스트는 극심한 눈과 머리의 통증으로 고생하는 니체를 도와 니체가 불러주는 내용을 받아쓰고 정리했습니다.

그 뒤 니체의 많은 원고들을 책으로 출판할 수 있었던 것은 가스트의 헌신이 있었기 때문입니다. 니체가 죽을 때까지 니체 곁을 떠나지 않았던 그는 니체가 죽은 뒤에도 여동생을 도와 니체의 저서를 정리했습니다. 니체가 『인간적인, 너무나 인간적인』의 진정한 저자는 피터 가스트라고 했을 정도였습니다.

니체의 소렌토 여행에 동행한 파울 레는 몇 년 뒤 니체와 한 여인을 두고 얽히고설키는 삼각관계가 됩니다. 병가를 마치고 바젤로 돌아온 니체의 건강은 계속되는 강의와 저술 작업으로 악화되었습니다. 통증으로 잠을 이루지 못하는 밤이 계속 됐으며 먹은 것을 다 토해내는 날도 점점 늘어났습니다.

35세인 1879년 한 해에만 118번의 병을 앓았다는 기록을 남겼을 정도로 그의 몸은 지칠 대로 지쳐있었습니다. 아픈 몸으로 강의와 글쓰기를 동시에 할 수 없었던 니체는 바젤 대학 교수직을 그만두기로 결심했습니다. 교수직을 그만두기로 한 것은 건강의 이유도 있었지만, 자신에게 가장 소중한 일이 따로 있었기 때문입니다. 자신의 철학을 책에 담아내는 것, 그것이 니체가 가장 원했던 삶이었습니다.

5

위대함은 삶의 가장 밑에 있다

방랑의 길에서 철학을 꽃피우다

니체는 이제 모든 짐을 벗고 오로지 글쓰기를 위한 자신의 길을 가게 됩니다. 니체가 교수직을 그만두면서 경제 수입은 끊겼지만, 바젤대학에서 지급하는 연금 덕분에 요양하고 여행하며 글을 쓸 수 있었습니다.

그는 이제 앞으로 10년 동안 정신이 무너질 때까지 철학을 위한 글쓰기에 온 힘을 다합니다. 니체는 매일 찾아오는 무서운 통증과 싸워야 하는 자신의 몸을 위해 기후가 좋은 곳을 계속 찾아 다녔습니다. 아름다운 풍경과 맑은 공기가 자신의 작업을 방해하는 끔찍한 통증을 완화해 주었습니다. 여름에는 주로 스위스 알프스 고지대인 오버엥가딘, 실스 마리아에서 보냈고 겨울은 좀 더 따뜻한 이탈리아 제노바, 베니스, 토리노와 프랑스 니스에서 보냈습니다. 자신이 원하는 곳을 찾아다녔지만 한 곳에 오래 머물지는 않았습니다. 자주 이동해야 했기에 그의 재산은 몇 벌의 옷과 원고 뭉치들, 그것을 담을 수 있는 커다란 여행용 가방이 전부였습니다. 니체는 시시각각 다가오는 죽음의 두려움을 극복하며 글 쓰는 일을 멈추지 않았습니다. 정상적인 생각이 불가능했을 정도의 통증을 동반하는 허약한 몸으로 10년 간 위대한 저술들을 쏟아냅니다.

낮에는 주로 산책을 하며 자연과 소통했습니다. 걸으면서 작품을 구상하고 생각나는 대로 메모를 했습니다. 밤에는 유일한 친구인 자신과 대화하고, 글을 썼습니다. 끔찍한 고통도, 지독한 외로움도 니체의 글 쓰는 일을 막지 못했습니다. 니체는 글쓰기를 통해 자신을 치유했고, 자기극복을 실천했습니다.

교수를 그만두고 다음 해인 1880년 이탈리아 제노바의 바닷가에 흩어진 바위들 사이를 돌아다니며 생각한 내용들이 1881년 출간하는 『아침놀』이 됩니다.

『아침놀』을 통해서 니체는 수천 년 동안 철학자들이 신봉해온 낡은 신념인 도덕과의 싸움을 시작했습니다. 그 뒤에 출간하는 『즐거운 학문』, 『선악의 저편』, 『도덕의 계보학』에서 도덕에 대한 잘못된 믿음을 극복하려는 니체의 의지는 계속됐습니다.

니체는 대부분의 시간을 질병의 고통과 싸웠으며, 정신이 회복된 잠깐의 시간을 이용해 글을 썼습니다. 조금이라도 체력이 회복되면 글 쓰는 일에 그 체력을 다 써버리고 다시 쓰러지기는 과정을 반복했습니다. 그의 삶은 매 순간 자신을 극복하는 삶이었습니다. 에베레스트 정상을 밟기 직전, 희미하게 남아있는 마지막 간절함을 모두 쏟아내는 등반가처럼 니체는 매 순간을 그렇게 살았습니다.

1881년 여름은 스위스 알프스 고원지대인 실스 마리아에서 보냈습니다. 이곳에서 니체는 그의 주요 사상 중의 하나인 영원회귀를 떠올렸으며 그의 가장 유명한 책인 『차라투스트라는 이렇게 말했다』에 관한 내용을 구상하기 시작했습니다.

니체는 『이 사람을 보라』에서 영원회귀가 떠올랐을 때의 순간을 다음과 같이 쓰고 있습니다.

"이제 나는 차라투스트라 이야기를 해보려고 한다. 이 책의 근본 이념인 영원회귀 사상은 이제까지 도달할 수 없는 최고의 긍정 형식인데, 그 기원이 1881년 8월로 되돌아간다. 이 사상의 윤곽이 한 장의 종이 위에 짜였고 그 밑에 인간과 시간을 넘어 1,800미터 떨어진 이라는 글이 적혀 있다. 나는 그날 실바 플라나 호숫가에서 숲 사이를 걷고 있었다. 주얼라이 근처에 피라미드 같이 솟아 있는 거대한 바위 옆에서 나는 발을 멈추었다. 바로 그때 영원회귀 사상이 나에게 떠올랐다."

니체는 실스 마리아에서의 흥분을 뒤로 하고, 푸른 하늘과 바다가 있는 제노바로 다시 떠났습니다. 그는 여기서 바그너의 음악과 결별한 이후 처음으로 마음에 쏙 드는 음악을 들었습니다. 비제의 오페라 카르멘입니다. 바그너의 음악과 다르게 가벼우면서도 경쾌한 이 음악을 니체는 하루에 스무 번씩 들을 정도로 굉장히 좋아했는데, 그가 카르멘을 얼마나 좋아했는지 『바그너의 경우』에 그대로 나와 있습니다.

"나는 어제 비제의 걸작을 스무 번째 들었습니다. 정신을 유연하게 다시 가다듬고 그것을 견디어 냈으며 다시 도망치지 않았습니다.

카르멘을 들을 때는 언제나 나 자신이 다른 때보다 더 철학자인 것 같고, 더 나은 철학자 같다는 생각이 듭니다. 그렇게 나는 느긋해졌고 행복해졌으며 인도적이 되었고, 엉덩이가 무거워졌습니다. 다섯 시간을 앉아 있다는 것.

비제의 오케스트라 음색이야말로 내가 여전히 참아낼 수 있는 유일한 음색이라고 말해도 되겠습니까?"

니체는 비제의 카르멘으로 몸과 마음에 위안을 받으면서 1882년 1월에 『아침놀』의 속편이라고 할 수 있는 『즐거운 학문』을 출간했습니다. 『즐거운 학문』에서 니체는 자신의 핵심 사상인 신의 죽음, 영원회귀 사상, 차라투스트라에 대해 언급하기 시작했습니다.

처음이자 마지막 사랑, 루 살로메

니체는 결혼을 하지 않고 평생 혼자 살았습니다. 그렇다고 니체에게 사랑했던 여자가 없었던 것은 아니었습니다. 1882년 4월 파울 레는 서른여덟 살 니체에게 스물한 살의 지적이고 젊은 러시아 여인을 소개했습니다. 이미 파울 레는 그 여인과 교류하고 있었고, 그 여인에게 친구 이상의 매력을 느끼고 있었습니다. 그 여인은 러시아 장군의 딸로 문학과 철학에 관심이 많았습니다. 이 여인이 그 시대 유럽의 여러 유명인들의 연인으로 등장하는 루 살로메입니다.

로마 성 베드로 성당 앞에서 루 살로메와 처음 만난 니체는 첫눈에 호감을 느꼈습니다. 며칠 뒤 니체는 파울 레를 통해 루 살로메에게 청혼했고, 루 살로메는 니체의 청혼을 거절했습니다. 니체는 자신의 글과 사상을 통해 천재적인 능력을 발휘했지만 여성과의 교제에는 서툴렀던 것 같습니다. 만난 지 며칠 만에 청혼한 것도 그렇고, 이미 루 살로메를 좋아하고 있는 파울 레에게 청혼을 부탁한 사실만 봐도 니체가 얼마나 서툴렀는지 알 수 있습니다.

니체는 얼마 뒤 파울 레, 루 살로메 그리고 루 살로메의 어머니와 스위스 루체른을 여행하면서 다시 한 번 루 살로메에게 간곡히 청혼했지만, 이번에도 루 살로메는 니체의 청혼을 거절했습니다. 그 대신 루 살로메는 파울 레와 함께 셋이서 공동생활을 하며 공부하자고 제안했고, 니체는 루 살로메가 제안한 3인 공동생활을 받아들였습니다.

10월에 세 사람은 라이프치히에서 같이 생활했습니다. 서로 간섭

하지 않는 생활은 10월 한 달 동안 계속 되었습니다. 니체는 3인 공동생활 속에서 어떻게 해서든 루 살로메를 자신의 여자로 만들고 싶어 했으나 뜻대로 잘 되지는 않았습니다. 겨울이 돼서 세 사람은 장소를 더 따뜻한 파리로 옮기기로 했습니다. 파울 레와 루 살로메는 파리로 가기 전에 챙길 것이 있다며 파울 레의 고향으로 함께 떠났습니다.

니체는 루 살로메가 돌아오기를 하루하루 목이 빠지게 기다렸습니다. 그러나 몇 주일 동안 아무런 연락도 받지 못했습니다. 하루하루가 초조하고 불안했던 니체는 두 사람에게 배신당했다는 사실을 깨달았습니다. 니체가 생전 처음 사랑했던 여인은 니체에게 수치스럽고 슬픈 상처만 남기고 그렇게 사라졌습니다.

얼마 뒤 여동생 엘리자베트는 루 살로메와 파울 레가 베를린에서 같이 살고 있다는 소식을 알려주었습니다. 니체에게 또 한 번의 큰 배신감을 안겨준 충격은 매일 죽음보다 더한 통증을 견뎌내는 강한 정신을 완전히 무너트렸습니다. 니체는 한 동안 너무 외롭고 슬프고 괴로워서 견디기 힘들어 했습니다.

한편 루 살로메와 파울 레의 동거생활도 그리 순탄하지 않았습니다. 파울 레는 니체를 배신했다는 정신적 고통에 시달렸는지 니체가 사망한 1900년 그 다음해에 자살했습니다. 반면에 루 살로메는 유럽에서 유명인이 됐습니다. 그 여인은 독일 서정시인 라이너 마리아 릴케, 정신 분석학의 대가인 프로이트의 연인으로 역사의 한 면을 장식했습니다.

삶의 가장 밑에서 가장 위대한 책이 태어나다

더 이상 추락할 곳이 없던 니체는 다시 한 번 자신을 극복하며 또 하나의 자신인 차라투스트라에 온 정신을 집중했습니다. 가장 깊은 고독의 골짜기에서 니체의 가장 위대한 책 『차라투스트라는 이렇게 말했다』가 태어났습니다. 니체는 삶의 가장 밑바닥에서 피를 토하는 마음으로 열성을 다해 글을 써내려 갔습니다. 1부를 열흘 만에 완성했으며, 2부와 3부도 쉬지 않고 열흘에서 보름 만에 완성했습니다.

니체도 자신의 책 중에서 『차라투스트라는 이렇게 말했다』는 단연 독보적이라고 했습니다. 이 책은 그 동안 인류에게 주어진 그 어떤 선물보다 가장 큰 선물이라고 자부했고, 이 책의 메시지는 수천 년 간 인류에게 퍼져나갈 목소리가 될 것이라고 믿었습니다. 또한 인간 세상의 모든 것이 이 책 밑에 놓이게 될 것이라고 예언했습니다. 두레박을 내리면 황금과 좋은 내용이 올라올 수밖에 없는 마르지 않는 우물이라고 자신했습니다. 이 책은 독일어로 쓰인 가장 심오하고 가장 완전한 작품이라고 본인이 본인의 작품을 칭찬했습니다. 그러나 이 책이 출간되었을 때에는 니체의 바람과 달리 아무도 주목하지 않았고 내용을 이해하는 사람도 거의 없었습니다.

니체는 이 책을 읽어서는 안 되고 함께 체험해야 한다고 강조했습니다. 니체는 이 책의 메시지를 들을 수 있는 귀를 아무나 가질 수 없다고 했습니다. 오로지 선택된 자들만이 들을 수 있으며, 들을 수 있는 자는 비할 바 없는 특권을 누리는 자라고 했습니다. 그래서 이 책에는 "모든 사람을 위한, 그러면서도 그 어느 누구를 위한 것도 아닌 책"이라는 소제목이 붙어 있습니다.

이 책에서 니체는 기존의 낡은 가치를 극복하고 새로운 가치를 창조하는 인간인 '초인'을 탄생시켰습니다. 초인은 독일어로 '위버멘쉬 (Übermensch)'로 극복하는 사람이라는 뜻입니다. 초인은 자신을 극복하고 자신의 가치를 창조하는 최고 수준의 인간에 대한 명칭입니다. 초인은 편안함과 안전을 추구하는 현대인, 본능을 억제하며 착한 사람이 되고자 하는 사람, 하늘 세계에 의지하는 유럽의 기독교인과 반대되는 인간의 모습입니다. 초인은 허무주의를 극복하는 자, 낡은 도덕에 휘둘리지 않는 자, 강한 힘의 의지로 외부의 저항을 극복하는 자, 동일한 삶이 영원히 반복돼도 '그래, 한 번 더 살아보자'라고 외칠 수 있는 자입니다.

초인의 최종 목표는 세상이 숭배하고 강요하는 진리와 가치를 부수고, 자신의 주체적인 판단과 의지에 의해 자신의 가치를 창조하는 것입니다. 즉 세상의 가치를 넘어 나만의 길을 가는 것입니다.

차라투스트라를 완성한 니체는 오래전부터 관심이 있던 도덕에 집중했습니다. 니체에게 선과 악을 명확히 구분하는 절대 도덕은 인간을 길들이고 나약하게 만드는 또 하나의 낡은 가치였습니다. 이미 『아침놀』을 통해 낡은 도덕과의 싸움을 시작한 그는 1886년에 출판한 『선악의 저편』에서 도덕을 주인 도덕과 노예 도덕으로 구분했습니다. 복종하는 자의 도덕이 노예 도덕, 지배하고 명령하는 자의 도덕이 주인 도덕입니다. 니체에 의하면 도덕의 가치란 사회 약자인 노예들이 강자인 귀족과 지배자들을 이기기 위해 고안해 낸 것입니다. 노예 민족이었던 유대인들은 사랑, 용서 그리고 평등이라는 도덕을 내세워 주인 민족인 로마를 무너트리고 서양 세계를 지배하게 되었습니다. 이로써 세상은 절대 도덕이 지배하는 세상이 되었고 인간은 절대 도덕의 가치 아래 길들여지는 가축 같은 존재가 되었다는 것입니다.

1887에 출간한 『도덕의 계보학』은 도덕이 어떻게 생겨났는지, 그 역사와 기원을 추적합니다. 니체는 위대한 저서들을 계속 써냈지만, 학계는 물론이고 언론에서도 거의 주목하지 않았습니다. 내용이 어렵기도 했지만 기존 가치를 마구 부수는 니체의 사상을 어느 누구도 선뜻 받아들이지 못했기 때문입니다. 니체는 자신의 책들이 외면당하는 현실에 많이 괴로워했습니다. 그러나 자신의 철학에 대한 세상 사람들의 비난과 무관심에도 자신의 길을 외면하거나 두려워하지 않았습니다.

마지막 불꽃을 태우다

1888년은 니체가 자신의 철학을 글로 담을 수 있는 마지막 해였습니다. 니체는 계절의 변화에 따라 겨울은 프랑스 니스에서, 봄에는 이탈리아 토리노에서, 여름은 스위스 실스마리아에서 보내고, 가을에는 다시 토리노로 돌아옵니다. 토리노 숙소는 니체가 정신을 잃을 때까지 머물던 장소로 10년 동안의 외롭고 위대한 방랑이 끝나는 마지막 장소입니다. 니체는 알프스가 병풍처럼 둘러싸인 아름다운 이탈리아 북부도시 토리노를 많이 좋아했습니다. 『이 사람을 보라』에서 묘사한 토리노는 즐겁고 인심 좋은 그런 곳이었습니다.

> "이곳 토리노에서 내 눈길이 닿으면 모든 얼굴이 명랑해지고 즐거워진다. 지금껏 나를 가장 기분 좋게 했던 일은 늙은 노점상 여인네들이 자신들이 가진 것 중 가장 달콤한 포도를 내게 전부 찾아주지 못해서 안절부절 못했던 일이다."

1888년 봄에 덴마크에서 반가운 소식이 들려왔습니다. 덴마크 코펜하겐 대학의 브라네스 교수가 니체 철학을 주제로 강의를 한다는 것이었습니다. 니체는 그의 강의 소식을 듣고 매우 기뻐했습니다. 브라네스 교수는 유럽에서 제법 알려진 학자였기 때문에 그의 니체 강의에 많은 수강생들이 몰렸습니다. 이를 계기로 니체라는 이름이 유럽 학계에 조금씩 알려지기 시작했습니다.

브라네스 교수에게서 힘을 얻은 니체는 계속 책 쓰기에 몰입했습니다. 그 해 니체는 무려 6권의 책을 썼습니다. 바그너를 비판하는 『바그너의 경우』, 망치를 들고 기존의 가치인 우상을 파괴하는 『우상의 황혼』, 기독교를 비판하는 『안티크리스트』, 자서전이라고 할 수 있는 『이 사람을 보라』, 그리고 기존의 내용을 다듬어 편집한 『디오니소스 찬가』, 『니체 대 바그너』입니다.

자신에 대해 쓴 『이 사람을 보라』가 실질적으로 니체의 마지막 책입니다. 우리는 『이 사람을 보라』의 소제목에 주목할 필요가 있습니다. 4개의 소제목은 다음과 같습니다.

①나는 왜 이렇게 현명한지
②나는 왜 이렇게 영리한지
③나는 왜 이렇게 좋은 책을 쓰는지
④나는 왜 하나의 운명인지

보는 이에게 다소 건방진 이 소제목들은 니체가 자신의 철학과 사상, 글쓰기에 대해 얼마나 확신을 갖고 있었는지 증명해줍니다. 모두가 옳다고 강요하는 가치를 거부하고 자신의 가치를 만들 수 있는 사람만이 가질 수 있는 자부심과 자신감입니다. 자신이 가치를 판단하고 자신의 길을 가는 사람은 남들의 비난과 따가운 시선에 쉽게 흔들리지 않습니다. 그래서 니체는 세상의 손가락질과 따돌림에 굴하지 않고 자신만의 철학을 계속할 수 있었던 것입니다.

몸이 온전하지 않은 사람이 한 해에 철학적 깊이가 있는 책을 6권이나 저술한다는 것은 기적과도 같습니다. 니체는 마치 죽음을 앞둔 사람처럼 마지막 남아있는 자신의 모든 것을 다 태워버린 것입니다.

해가 바뀌어 1889년 1월 3일이 되었습니다. 쓸쓸함이 느껴지는 아침이었습니다. 니체는 토리노 숙소에서 나와 카를로 알베르토 광장을 지나가고 있었습니다. 그때 니체는 마차 대기소에서 벌어지고 있는 장면을 보게 되었습니다. 마부가 말에게 욕하며 사정없이 채찍질을 하고 있었습니다. 니체는 갑자기 비명을 지르며 그곳으로 달려갔습니다. 마부를 제지하고 통곡하면서 말의 목을 끌어안았습니다. 그리고 정신을 잃고 쓰러졌습니다. 니체의 정신이 온전했던 마지막 순간입니다. 그 뒤 의식이 잠시 되돌아오기는 했지만, 니체의 정신은 더 이상 정상으로 돌아오지 않았습니다. 이때 니체의 나이 마흔다섯 살이었습니다. 니체는 그 후로 11년을 정신장애인으로 살았습니다.

1900년 8월 25일 외로이 자신만의 길을 걸었던 철학자는 어린 시절 행복과 추억이 있는 고향으로 돌아갔습니다. 평생 아버지의 사랑과 보살핌을 그리워했던 니체는 죽은 뒤에야 외로운 방랑의 생을 마치고 따뜻한 아버지의 품 안에서 영원히 잠이 들었습니다.

★ 생각이 자라는 질문 ★

01 니체는 끔찍한 육체의 고통과 세상의 외면을 극복하고 자신만의 길을 걸어갔습니다. 세상이 알아주지 않아도 니체는 흔들리지 않았습니다. 130여 년이 흐른 지금 전 세계의 많은 사람들이 그의 글에서 희망과 위로를 받고 있는 이유입니다.

여러분은 주변에서 뭐라 해도 흔들리지 않고 자신의 길을 갈 수 있나요? 그런 꿈이 있나요?

꿈이 없다고요? 그래도 꿈을 찾아야 합니다. 지금 발견하지 못하더라도 괜찮습니다. 어렵더라도 자신의 꿈을 찾기 위해 계속 노력해야 합니다. 그 꿈이 나만의 길이고 나만의 삶이니까요.

신은
죽었다

1
절대 가치는 없다

절대 가치가 지배하는 세상

사람들은 각자의 생각에 따라 행동하고, 사물에 가치를 부여합니다. 나에게 중요하고 소중한 것이 가치가 됩니다. 가치에 따라서 사람들은 목표를 정하고 살아가는 방향을 잡습니다.

생각하는 가치는 사람마다 다릅니다. 어떤 사람은 많은 돈이 최고의 가치라 생각하고 어떤 사람은 건강한 몸이 최고의 가치라고 생각합니다. 조직이나 집단에서 충돌하고 갈등이 생기는 것은 서로 추구하는 가치가 다르기 때문입니다.

엄마와 중학생 아들이 매일 싸우는 집을 생각해 봅시다. 엄마의 가치는 아들이 소위 특목고라고 불리는 고등학교에 가는 것입니다. 그러나 중학생 아들의 가치 목록에 특목고가 없다면 갈등이 생길 수밖에 없는 것입니다. 그러나 보통 엄마의 힘이 더 강하기 때문에 엄마가 강요하는 가치를 아들이 따라가게 됩니다. 이렇게 다른 사람이 강요하는 가치에 따라 사는 사람은 행복할 수 없습니다.

강요되는 가치가 거부할 수 없을 정도로 강하면 그 가치는 절대 가치가 됩니다. 절대라는 것은 예외가 없는 것이고 의심할 수 없는 것입니다. 무조건 해야 하고, 무조건 옳은 것입니다. 사람들이 생각하는 가치에 절대가 붙으면 그것은 사람의 본능을 가두는 무서운 수단이 됩니다.

절대가 지배하는 세상을 상상해 봅시다. 동물농장이 있습니다. 농장에는 개, 말, 돼지 같은 여러 동물이 살고 있습니다. 농장을 운영하는 주인은 동물에게 절대 힘을 가지고 있습니다. 주인이 정한 규칙을 어기거나 울타리를 벗어나려는 동물은 채찍을 맞고 먹이도 먹지 못합니다. 동물의 두려움은 주인의 명령과 규칙을 절대 가치, 절대 도덕으로 만들었습니다. 모두 같은 시간에 일어나야하고 같은 시간에 같은 양의 밥을 먹고 같이 운동하고 같은 일을 하며 같은 시간에 자야합니다. 어느 순간이 되면 동물들은 농장의 규칙을 나의 가치로 받아들이고 모든 것을 의심하지 않습니다. 동물들의 모습도 비슷해집니다. 개는 더 이상 짖지 않고, 말은 힘차게 달리지 않습니다. 돼지는 먹는 양도 줄었습니다. 이곳이 절대 가치가 지배하는 세상의 모습입니다.

여기에 사는 동물을 보면 어떤 생각이 드나요? 불쌍한가요? 사실 우리가 사는 모습도 농장의 동물과 크게 다르지 않습니다.

절대 가치를 의심하고 재평가하다

니체는 사람들이 절대 옳다고 믿는 가치들을 의심했습니다. 니체가 재평가하고 부수려고 했던 것이 이러한 절대 가치와 절대 도덕입니다. 니체가 제일 싫어하는 단어는 아마 '절대'일 것입니다. 절대라는 개념이 인간의 삶에 침투하는 순간 인간들은 농장에서 각자의 본능과 개성을 잃고 사는 동물처럼 되는 것입니다.

그래서 니체가 파괴하려고 했던 것이 절대라는 개념입니다. '절대 가치, 절대 도덕. 그런 것은 없다', '인간 세상에는 모든 것이 허용된 다'는 것이 니체의 생각입니다.

사람들이 믿고 의지하는 절대 가치가 사라졌을 때 인간은 비로소 자신의 가치를 찾으려고 합니다. 동물농장에서 동물에게 명령하는 주인이 사라진 세상을 상상하면 됩니다. 처음에는 무척 혼란할 것입니다. 이제 밥은 누가 주지? 잠자리는 누가 따뜻하게 해주지? 같은 불안감이 몰려옵니다. 그러나 자신의 본성을 회복하기 위해서는 규칙을 깨고 울타리를 벗어나야 합니다. 절대 가치와 도덕은 이제 없습니다. 각자가 가치를 만들고 각자의 삶을 살아야 하는 것입니다. 한 번도 가본 적 없는 세상으로 나오면 며칠 동안 먹지 못할 때도 있을 것이고, 처음 보는 거대한 동물에 목숨이 위태로울 때도 있을 것입니다. 그러나 이러한 험난한 과정이 자신에게 이르는 과정입니다. 농장 생활에 익숙해진 말이 야생의 넓은 들판에서 신나게 달리기 위해서는 이러한 험난한 과정을 극복해야 하는 것입니다.

니체는 유럽인의 삶을 농장 안에 있는 동물의 모습과 같다고 진단했습니다. 절대 가치가 지배하는 세상에 길들여진 인간은 본성을 잃고 모두 똑같은 모습을 한 사람이 된 것입니다. 강인하고 명랑한 인간을 회복하기 위해서는 인간을 옥죄는 절대 가치를 파괴해야 합니다. 타인이 강요하는 절대 가치를 파괴할 때 인간은 비로소 자신의 가치를 창조하려 합니다. 그리고 울타리를 넘어 야생으로 달아날 때 잃어버린 본성을 되찾고 자신의 삶을 살 수 있는 것입니다.

니체 철학은 절대 가치와 절대 도덕을 낡은 가치 또는 우상으로 규정하고 파괴하는 것에서부터 시작합니다. 절대라는 개념이 사라진 세상의 허무와 혼란을 극복하고 나의 가치를 창조하는 인간이 되는 것이 니체 철학의 최종 목표입니다.

2

신의 죽음은 곧 기회다

신의 죽음을 선언하다

유럽의 문명과 역사 그리고 유럽인의 삶은 2,000년 가까이 신이라는 절대 가치의 영향력 아래 있었습니다. 신이라는 거부할 수 없는 신성한 가치는 인간에게 삶의 의미와 방향이었습니다. 신은 인간을 죽음과 고통에서 구해줄 수 있는 절대자였습니다. 그러다 어느 날부터 인간은 신의 존재와 능력을 의심하기 시작했습니다. 신이 인간에게 부여하는 절대 가치가 흔들리기 시작한 것입니다.

이러한 상황에서 니체는 『즐거운 학문』에서 미친 사람의 입을 통해 신의 죽음을 선언하기에 이릅니다.

"그대들은 대낮에 등불을 켜고 시장을 달려가며 끊임없이 '나는 신을 찾고 있노라! 나는 신을 찾고 있노라!'라고 외치는 미친 사람에 대해 들어본 일이 있는가? 그곳에는 신을 믿지 않는 많은 사람들이 모여 있기 때문에 그는 큰 웃음거리가 되었다. 신을 잃어버렸는가? 그들 중 한 사람이 이렇게 물었다. 신이 아이처럼 길을 잃었는가? 다른 사람이 말했다. 신이 숨어 버렸는가? 신이 우리를 두려워하고 있는가? 신이 배를 타고 떠났는가? 이민을 떠났는가? 이렇게 그들은 웃으며 떠들썩하게 소리쳤다. 미친 사람은 그들 한가운데로 뛰어들어 꿰뚫는 듯한 눈길로 그들을 바라보며 소리쳤다. 신이 어디로 갔냐고? 너희에게 그것을 말해 주겠노라! 우리가 신을 죽였다.

너희들과 내가! 우리 모두가 신을 죽인 살인자다! 하지만 어떻게 우리가 이런 일을 저질렀을까? 이렇게 우리가 대양을 마셔 말라 버리게 할 수 있었을까? 누가 우리에게 지평선 전체를 지워버릴 수 있는 지우개를 주었을까? 지구를 태양으로부터 풀어놓았을 때 우리는 무슨 짓을 한 것일까?

신은 죽었다! 신은 죽어버렸다! 우리가 신을 죽인 것이다!"

니체는 신의 죽음을 선언한 철학자로 알려져 있습니다. 니체가 어떤 책을 썼는지는 몰라도 니체가 '신은 죽었다'고 얘기한 사람이라는 것 정도는 알고 있습니다. 이처럼 '신은 죽었다'는 문장은 니체를 상징하는 문장이 되었고 그를 유명하게 만들었습니다.

신은 절대 가치의 상징이자 절대 도덕을 규정하는 절대자입니다. 신의 죽음이란 세상을 지배하던 절대 가치가 이제는 없다는 선언이고, 인간의 행동을 규정하는 도덕은 더 이상 존재하지 않는다는 것을 의미합니다.

세상이 믿는 가치와 진리가 거짓이라고 말하는 사람을 우리는 미친 사람으로 간주합니다. 그래서 신을 믿는 세상에서 신의 죽음을 애기하고 다니는 사람은 미친 사람인 것입니다. 여전히 신의 가치가 지배하던 19세기 유럽에서 신은 죽었다고 외쳤던 니체는 사람들에게 더이상 정상인이 아니었습니다. 그래서 니체의 사상이 생전에 거의 주목을 받지 못했던 것이고 지식인들이 철저하게 외면했던 것입니다.

신의 죽음은 공포인 동시에 새로운 기회다

지배 가치의 상실을 뜻하는 신의 죽음은 사람들에게 크나큰 충격이었습니다. 신의 죽음은 바닷물이 말라버리고, 지평선이 사라지고, 지구가 태양에서 떨어져 나가는 것과 같은 인정하기 힘든 일이었죠. 세상을 밝히던 절대 진리가 사라진 세상은 어둡습니다. 그러나 사람들은 아직 신의 죽음을 인식하지 못하고 있습니다. 그래서 신의 죽음을 외치던 미친 사람은 너무 일찍 세상에 왔다고 한탄합니다. 세상 사람들이 니체의 선언을 받아들이기에는 아직 더 많은 시간이 필요했던 것입니다.

세상을 살다보면 절대 가치라고 믿었던 것이 무의미해지는 순간이 있습니다. 그때 사람들은 엄청난 혼란과 방황을 경험합니다. 많은 학생들에게 최고 가치는 공부를 잘하는 것입니다. 어떤 학생이든 공부를 잘해서 부모님과 선생님에게 칭찬 받고 좋은 대학에 가고 싶어 합니다. 우리나라처럼 공부에 대한 열의가 높은 나라에서는 더욱 그렇습니다. '공부의 신'이라는 학습지가 있을 정도로 공부를 잘하는 학생은 친구들 사이에서도 절대자인 신이 되는 것입니다.

그럼에도 의심 없이 해왔던 공부가 무의미해지는 순간이 있습니다. 해도 해도 끝이 없고, 하면 할수록 부담이 덜어지는 것이 아니라 오히려 부담이 더욱 커집니다. 부모님의 기대는 점점 더 높아집니다. 절대 가치였던 공부가 덜어낼 수 없는 짐이 되면서 공부에 대한 절대 믿음이 서서히 흔들리기 시작합니다. 모든 것을 다 놓아버리고 싶어집니다. 이때 학생들은 심리적으로 방황을 합니다. 심지어 세상의 모든 것이 의미가 없다고 느끼며 무기력해졌을 때 극단적인 생각을 하기도 합니다.

이런 감정은 나이에 상관없이 언제든 찾아올 수 있습니다. 어른들도 이러한 감정을 느낍니다. 어른들이 추구하는 가치는 무엇일까요? 좋은 직장에서 많은 월급을 받는 것입니다. 그러나 남들이 부러워하는 직장을 다니는 사람도 어느 날 문득 '내가 여기서 대체 뭘 하고 있는 건가?'하는 생각이 드는 순간이 있습니다. 그러면 직장을 떠날 것인가? 떠나면 무엇을 하며 살 것인가? 그래도 계속 다녀야 하는 것인가? 같은 갈등 속에서 방황을 합니다.

당시 유럽인들에게 신이 죽었다고 선언하는 것은 지금 학생들에게 공부가 절대 가치가 아니라고 하는 것과 같고, 직장인들에게 돈을 버는 것이 절대 가치가 아니라고 말하는 것과 같습니다.

신의 죽음은 세상에 충격과 혼란을 주었지만, 다른 한편으로는 새로운 가능성이 되기도 했습니다. 신이 죽은 세상을 살아가는 최고의 방법은 내가 신이 되는 것입니다. 신이 죽기 이전의 유럽에서는 신이 다스리는 하늘 세계가 참된 세계였지만, 이제는 우리가 보고 느끼는 땅의 세계가 진짜 세계가 되었습니다. 이전에는 삶의 의미를 하늘에서 찾았다면, 이제는 내가 사는 실재 세상에서 찾습니다. 지금까지 신을 위해 살았다면 이제는 나를 위해 살아야 하는 것입니다.

그래서 니체는 『즐거운 학문』에서 신이 죽은 뒤의 세상을 어둠이 가시고 새로운 태양이 떠오르는 아침놀이고 새로 열린 수평선으로 묘사합니다. 그래서 우리는 이제 아무도 가보지 못한 열린 바다로 나가야 하는 것입니다.

"우리 철학자들, 자유로운 정신들은 늙은 신이 죽었다는 소식에서 새로운 아침놀이 비치는 듯한 느낌을 받고 있다. 우리의 가슴은 감사, 놀라움, 예감, 기대로 흘러넘치고 있다. 마침내 우리에게 비록 밝지는 않을지라도 수평선이 다시 열릴 것이다. 마침내 우리의 배가 다시 출항할 수 있게, 모든 위험을 향해 출항할 수 있게 된 것이다. 인식의 모든 모험이 다시 허락되었다. 바다가, 우리의 바다가 다시 열렸다. 그리한 '열린 바다'는 아마도 일찍이 한 번도 존재한 적이 없었을 것이다."

신이 죽은 세상에서 내가 신이 된다는 것은 말처럼 쉽지 않습니다. 아무도 가보지 않는 바다로 나가는 것은 무모하고 두려운 일입니다. 오랫동안 공부만 해온 학생이 공부하기 싫어졌다고 하루아침에 공부 이외의 다른 것을 찾는 것은 거의 불가능합니다. 직장생활만 해온 어른들이 직장을 그만두고 직장 밖의 세상에서 한동안 자리를 잡지 못하는 것도 마찬가지입니다. 그래서 절대 세계와 가치가 무너질 때 사람들은 새로운 기회를 찾기보다 오히려 불안해하고 두려워합니다. 이것은 살던 집이 어느 날 갑자기 무너지는 것과 같은 충격입니다. 이때 사람들의 삶은 우울해지고 허무해집니다.

신이 죽은 세상에서 사람들이 느끼는 불안한 감정을 니체는 『즐거운 학문』에서 아래와 같이 표현했습니다.

"우리는 어디를 향해 가고 있는 것일까? 모든 태양으로부터 떨어져 나온 지금 우리는 끊임없이 추락하고 있는 것은 아닐까? 뒤로 옆으로 앞으로 모든 방향으로 추락하고 있는 것은 아닐까? 아직도 위와 아래가 있는 것은 아닐까? 무한한 허무를 통과하고 있는 것처럼 헤매고 있는 것이 아닐까? 허공이 우리에게 한숨을 내쉬고 있는 것은 아닐까? 한파가 몰아닥치고 있는 것은 아닐까? 밤과 밤이 연이어서 다가오고 있는 것은 아닐까? 대낮에 등불을 켜야 하는 것이 아닐까?"

삶을 지배하던 가치가 무너지면 반드시 혼란과 방황이 따라옵니다. 절대 권력을 휘두르던 독재자가 갑자기 몰락했을 때 그 사회는 얼마동안 질서가 무너지고 내전의 소용돌이에 휘말립니다. 국가의 권력이 텅 비어버리는 불안감은 오히려 사람들에게 모든 것을 규정해주는 과거를 그리워하게 합니다. 그러나 절대자가 사라진 사회는 혼란과 두려움만 있는 것은 아닙니다. 새로운 희망도 존재합니다. 권력의 공백기 동안 겪어야 하는 갈등과 폭력은 새로운 세상과 또 다른 성장으로 가기 위해 극복해내야 하는 것입니다.

인간은 알 수 없는 미래에 대해 두려워합니다. 그래서 안심할 수 있는 무언가에 의지하려는 본능이 있습니다. 그러한 본능이 신을 만든 것입니다. 신은 삶의 안내자인 동시에 삶을 규정하는 절대 권력자입니다. 절대자이자 인간을 뛰어넘는 존재인 신은 인간이 두려움에서 벗어날 수 있는 최고의 수단입니다. 신은 살아가는 방법과 행동을 규정하고 심지어 영원한 생명을 얻을 수 있는 방법까지 제시해 줍니다. 신은 불안한 미래와 고통스런 삶을 견뎌내는 힘이었던 것입니다. 이제 신이 죽었습니다. 사람들은 삶의 의미와 방향을 잃었습니다. 어디로 가야할지 모른 채 방황하고 있습니다. 신이 죽은 세계는 인간에게 삶이 무의미해지는 허무라는 공포를 안겨주는 동시에 새로운 희망도 주었습니다.

신을 만들고 신을 숭배했던 인간이 이제 더 이상 신을 믿지 않게 되었습니다. 신을 죽인 살인자가 된 것입니다. 절대자와 안내자에게 의지하던 세상에서 벗어났습니다. 이제 우리는 우리를 위해 할 수 있는 가장 위대한 일을 해야 합니다. 바로 내가 나의 가치를 만들고 내가 나의 안내자가 되는 것입니다. 내가 신이 되는 것입니다. 밖에서 찾았던 가치를 이제는 내 안에서 찾는 것입니다. 이것이 신이 죽은 세상이 우리에게 던져준 명령이자 임무입니다.

크던 작던 어떤 사건은 항상 상반된 모습을 가지고 있습니다. 건물이 무너진 자리에 새로운 건물이 올라가는 것처럼 말입니다. 진리와 가치라고 믿었던 것이 거짓으로 판명되는 사건은 엄청난 충격과 혼란입니다. 충격이 클수록 정신을 가다듬고 다시 일어서기까지 더 오랜 시간이 걸립니다. 그러나 가치의 상실은 새로운 가치를 찾으려는 놀라운 힘을 주기도 합니다. 모든 것을 잃은 절망이 또 다른 세상을 볼 수 있는 시야를 주는 것입니다.

상실은 절망인 동시에 새로운 기회입니다. 누구나 살면서 크고 작은 상실을 경험합니다. 상실은 크나큰 시련입니다. 좌절, 절망, 고통, 상처, 자살충동 같은 것이 상실을 경험한 사람들이 느끼는 감정들입니다. 상실의 순간에도 어떤 사람은 극복하려는 의지가 있는 반면에 어떤 사람은 포기하고 주저앉아 버립니다. 상실을 극복한다는 것은 뼈를 깎아내는 것만큼 고통스런 과정입니다. 어떻게 극복해야 하는지에 대한 방법이나 정답은 없습니다. 인생에 내리막이 있으면 오르막이 있습니다. 절망의 순간을 극복하면 우리의 삶은 성장하여 새로운 곳으로 올라가는 것입니다. 크나큰 상실을 경험한 사람들이 어려움을 극복한 후에 세상이 이전과 다르게 보인다는 얘기를 많이 합니다. 말처럼 쉬운 것은 아니지만 상실을 또 다른 성장의 기회로 삼을 때 인간은 더욱 성숙해지는 것입니다.

신의 죽음은 거대한 가치의 상실입니다. 신을 믿었던 사람들에게 신의 죽음은 엄청난 충격과 허무의 고통을 안겨줍니다. 이 상실 속에서 밀려오는 허무를 어떻게 극복하느냐가 중요합니다.

어떤 사람은 상실의 고통에 눌려 오히려 더 힘겨운 삶을 살아갑니다. 또 다른 사람은 허무의 감정을 극복하고 새로운 가치를 만들려고 노력합니다. 인간은 극복하면서 성장합니다. 절대 가치가 사라진 세상에서 허무의 감정을 넘어 새로운 가치를 만들 때 그 삶은 진정한 내 것이 됩니다.

3

전통 가치를 파괴하다

절대 가치는 파괴해야 할 우상이다

니체는 서양의 역사와 사상을 지배하는 절대 가치들을 파괴해야 할 우상으로 규정했습니다. 요즘 학생들이 좋아하는 아이돌 역시 우상이라는 뜻입니다. 잘 생기고 노래나 연기를 잘하는 연예인은 학생들에게 좋아하는 것을 넘어 숭배하는 우상인 것입니다. 그래서 아이돌이라고 하는 것입니다. 그러나 우상이 내 삶에 절대 존재가 되면 삶이 피곤해집니다. 우상이 내 생각과 행동을 지배하기 때문입니다.

아이돌의 날씬한 몸매가 나에게 절대 몸매가 되면 그것을 따라가기 위해 무리한 다이어트를 시도합니다. 결국 소중한 내 몸만 망가집니다. 이렇게 맹목적으로 우상을 숭배하면 삶은 점점 병들어 갑니다. 니체가 우상을 거짓 가치라고 규정하고 망치를 든 이유가 여기에 있습니다. 우상에 의해 병든 사람들을 다시 건강한 사람들로 회복시키기 위해서는 우상을 파괴해야 하는 것입니다.

니체는 자신을 쇠망치를 들고 철학하는 자이며 다이너마이트라고 했습니다. 인간을 병들게 만드는 우상이라는 가치를 파괴하는 자이기 때문입니다.

니체가 쇠망치로 부수려고 했던 가장 큰 우상은 유럽인들의 역사, 철학, 예술 및 삶에 가장 큰 영향을 주었던 사상들입니다. 세계의 본질을 이성과 정신으로 설명하려 했던 플라톤 철학과 그 기반 위에 만들어진 기독교 세계관 및 기독교 도덕입니다.

기독교 세계관은 세계를 둘로 나눈 플라톤 세계관을 이어받았습니다. 플라톤은 우리가 눈으로 보고 느끼는 현실 세계와 그와는 또 다른 세계가 존재한다고 생각했습니다. 현실 세계는 불안정하고, 변하고 소멸하기 때문에 가상의 세계라고 생각했습니다. 그래서 저 어딘가에 영원히 변하지 않는 세계가 존재한다고 믿었습니다. 플라톤은 이 영원한 세계가 참된 세계라고 했고, 이것에 '이데아'라는 이름을 붙였습니다.

세계를 둘로 나누는 플라톤의 세계관은 이후 기독교 세계관에 그대로 녹아 들어갑니다. 기독교 세계관에서는 우리가 사는 지상의 세계를 불완전한 세계로 규정하고, 신이 지배하는 하늘의 세계를 참된 세계로 규정합니다.

세계를 둘로 나누는 세계관은 서양 역사와 사상 전반에 걸쳐 많은 영향을 주었습니다. 니체가 쇠망치를 들고 파괴했던 우상의 중심에는 플라톤과 기독교의 세계관이 있었습니다.

서양의 전통 가치관은 이성과 영혼을 인간의 몸보다 중요하게 여겼고, 인간 세계보다 하늘 세계에 더 큰 가치를 부여했습니다. 하늘 세계에 대한 절대 믿음은 신이라는 절대자를 만들었습니다. 사람들은 하늘 세계의 지배자인 신이 불완전한 인간의 삶에 방향을 알려준다고 믿었고, 신에 대한 믿음이 곧 고통을 극복하고 영원한 생명을 얻는 힘이라고 생각했습니다.

니체는 하늘 세계에 대한 믿음과 신에 대한 의지는 나약한 인간이 삶에서 도망가는 수단이라고 보았습니다. 그래서 파괴해야 하는 것으로 본 것입니다.

소크라테스를 끌어내려라

인간의 몸이나 본능보다 영혼과 이성을 더 중요시하는 서양의 전통은 소크라테스까지 거슬러 올라갑니다. 그래서 니체가 『우상의 황혼』에서 가장 먼저 파괴하는 우상이 소크라테스입니다.

소크라테스는 서양 철학의 시작을 알린 사람이고 세계 4대 성인 중한 사람입니다. 왜 니체는 소크라테스라는 역사적인 위인이 서양인의 삶을 병들게 했다고 생각한 걸까요?

니체의 생각을 알아보기 전에 우리가 일반적으로 알고 있는 소크라테스 이야기를 먼저 해 보겠습니다.

소크라테스는 예수, 부처, 공자와 함께 세계 4대 성인으로 추앙받는 사람입니다. 또한 서양 철학사에서 가장 중요한 인물 중 한 사람으로 평가받습니다. 그는 아테네에서 가장 지혜로운 사람이었으며, 평생을 검소하고 자유롭게 살았고, 억울하게 독약을 마셔야 했던 삶의 마지막 순간에도 전혀 두려워하지 않았습니다.

▲ 소크라테스(Socrates, BC 470~BC 399)

그의 위대한 제자 플라톤은 완전한 국가를 이루기 위해 인간이 갖추어야 할 3가지 덕목으로 지혜, 용기, 절제를 꼽았습니다. 이 3가지를 삶에서 실천한 사람이 소크라테스입니다.

당시 아테네는 페르시아와의 전쟁에서 승리한 뒤 그 지역의 강자가 되었습니다. 주변 국가들과의 동맹에서 주인이 된 아테네는 주변 국가에서 들어오는 막대한 자금으로 엄청난 이득을 얻었습니다. 물질적으로 부유해진 결과 아테네는 점점 타락해 갔고, 젊은이들은 삶의 참된 목표를 찾으려 하지 않았습니다. 이 때 아테네 젊은이들에게 진리를 깨우쳐 주기 위해 등장한 인물이 소크라테스입니다. 그는 아테네의 젊은이들과 지혜로운 삶에 대해 끊임없이 질문하며 대화했습니다. 많은 젊은이들이 그를 스승으로 모셨습니다. 그중에는 아테네에서 최고로 잘난 사람으로 추앙받다가 뒤에 조국을 배신하는 알키비아데스도 있었습니다.

그러나 소크라테스에게 돌아온 것은 아테네인들의 질투와 비난이었습니다. 아테네인들은 젊은이들을 타락시키고 그리스 신을 신봉하지 않았다는 이유로 소크라테스를 법정에 세웁니다. 아테네 법정은 소크라테스에게 사형을 선고합니다. 그는 부당한 선고에 분노하지 않았습니다. 이웃 나라로 탈출하자는 제자들의 제안도 받아들이지 않았습니다. 그는 '악법도 법이다'라는 말을 하고 독이 든 잔을 선택했습니다. 그는 죽는 순간까지 고귀한 인간의 모습을 잃지 않았습니다.

여기까지가 일반적으로 알고 있는 소크라테스 이야기입니다.

니체는 우리가 알고 있는 상식을 뒤엎듯이 소크라테스도 다른 관점에서 해석합니다. 니체에게 소크라테스는 지혜롭고 위대한 철학자가 아닌 서양인의 삶에 대한 의지를 약화시킨 장본인입니다. 니체에게 소크라테스의 죽음은 의연하고 용기 있는 행동이 아닌 삶을 비관한 염세주의자의 행동이었습니다.

『우상의 황혼』에서 소크라테스에 대한 비판은 다음과 같이 시작합니다.

"어느 시대에서든 최고의 현인들은 삶에 대해 똑같은 판단을 내린다. 삶은 무가치하다고. 회의와 우울, 삶에 대한 피로감, 삶에 대한 적개심이 가득 찬 소리를. 소크라테스조차 죽을 때 이렇게 말했다. '산다는 것 ─ 그것은 오랫동안 병들어 있는 것이지. 나는 이제 구원자 아스클레피오스에게 닭을 한 마리 빚지게 되는 셈이지.' 소크라테스조차 사는 것이 질렸던 것이다."

소크라테스는 독약을 마시고 몸이 서서히 굳어가는 순간 그의 친구 크리톤에게 마지막 유언을 남깁니다. 아스클레피오스 신에게 닭한 마리를 빚졌으니 대신 갚아 달라고 말입니다. 아스클레피오스 신에게 닭을 제물로 바쳐 달라는 얘기입니다. 아테네인들은 질병에서 회복되면 의술의 신인 아스클레피오스 신에게 감사의 뜻으로 제물을 바칩니다.

소크라테스의 유언에 대한 일반적인 해석은 이렇습니다. 소크라테스는 몸을 질병으로 생각했습니다. 그래서 죽는다는 것은 질병에서 완전히 벗어나는 것을 의미합니다. 신에 대한 제물은 죽음으로 질병에서 해방되고 영혼의 자유를 얻은 것에 대한 감사의 표시였던 것입니다.

소크라테스는 몸보다 영혼에 더 가치를 부여했습니다. 몸은 살아가는 도구에 불과하지만 영혼은 영원한 것이라고 생각했습니다.

반대로 니체는 영혼보다 몸에 더 많은 가치를 부여했습니다. 니체에게 소크라테스의 죽음은 삶을 혐오해서 자신의 소중한 몸을 버린 염세주의자의 행동이었던 것입니다.

니체는 영혼과 이성을 중시하는 소크라테스의 생각이 건강하고 명랑했던 그리스인의 본능을 나약하게 만들었다고 생각했습니다.

니체는 고대 그리스인들의 삶을 높게 평가했습니다. 그리스인들은 인간이 추락할 수 있는 가장 비극적인 모습을 예술로 만든 민족입니다. 그리스 비극의 주인공 중에 우리에게 가장 많이 알려진 인물은 아마 오이디푸스일 것입니다. 오이디푸스는 스핑크스의 수수께끼를 푼 영웅이었지만, 자신이 죽인 자가 친아버지이고, 자신의 부인이 친어머니라는 사실을 알고 자신의 두 눈을 뽑아버리는 그리스 비극을 상징하는 인물입니다. 그리스인들은 인간의 삶에 들어있는 비극을 극복하고, 삶에 강한 긍정을 보였던 사람들입니다.

니체가 그리스 정신을 해석했던 『비극의 탄생』에는 예술과 삶을 주도하는 2명의 그리스 신이 나옵니다. 하나는 아폴론 신이고 다른 하나는 디오니소스 신입니다.

아폴론은 태양의 신입니다. 균형과 질서를 상징합니다. 디오니소스는 포도주의 신으로 도취와 망각을 상징합니다. 아폴론적인 것은 이성적인 측면이 강한 것이고 디오니소스적인 것은 본능적인 측면이 강한 것입니다. 삶과 예술은 아폴론적인 것과 디오니소스적인 것의 결합으로 만들어집니다. 그러나 이성이 본능을 지배하는 순간 삶과 예술은 파괴된다고 니체는 생각했습니다.

실제 우리의 삶은 이성이 본능을 지배합니다. 본능을 너무 앞세우면 주변 사람들에게 거부감을 주고, 공동체 질서가 무너지기 때문입니다. 본능을 억제하고 사람답게 보이게 하는 것이 이성입니다. 하지만 너무 이성적인 사람은 매력이 없습니다. 삶도 재미가 없습니다. 그래서 사람들은 가끔 취하기도 하고, 온몸이 젖을 정도로 운동을 하고, 목이 터져라 노래를 부르는 것입니다. 이러한 본능의 발산은 잠시나마 심심하고 지루한 삶에서 벗어나게 해주기도 하고 기분 나쁜 일도 잊게 해줍니다.

니체는 본능의 발산을 통해 도취하고 망각하고 일탈하는 삶을 강하고 명랑한 삶이라고 생각했습니다. 도취하고 망각하고 일탈하는 신이 디오니소스 신입니다. 삶에서 본능을 발산할 수 있을 때 허무의 고통과 실패의 절망에서도 삶을 긍정할 수 있습니다. 이러한 최고의 긍정을 디오니소스 긍정이라고 합니다. 그래서 디오니소스의 삶은 축제가 되고, 놀이가 되고 춤이 되는 것입니다.

니체는 이성보다는 본능을, 영혼보다는 육체를, 하늘의 세계보다는 대지의 세계를 중시한 삶의 철학자입니다. 이것은 서양의 전통 사상과 완전히 반대되는 생각입니다. 니체가 생각하기에 삶을 부정하고 건강한 정신을 쇠퇴하게 만든 것은 이성입니다. 본능과 이성이 상호 대립하고 공존하던 고대 그리스 정신은 소크라테스를 기점으로 이성을 더 중요한 것으로 여기게 됐습니다. 이성이 본능보다 더 중요한 시대가 되면서 삶은 점점 건조해지고 무기력해졌습니다.

당시 아테네는 물질적 욕망에 집착하는 타락의 시대였고, 스파르타와의 오랜 전쟁으로 인해 혼란한 시기였습니다. 소크라테스가 타락하고 혼란한 세상을 구하기 위해 내세운 것이 바로 이성입니다. 이성은 아름다운 덕이고, 그것이 곧 행복이라는 공식을 만들어낸 것입니다.

이성에 의한 합리적이고 논리적인 사고는 삶에 대한 목적과 목표를 잃어버리고 방황하는 아테네인들에게 의사이자 구세주였습니다. 그러나 니체에게 이성은 본능을 방해하는 하나의 질병인 것입니다. 니체에게 소크라테스의 이성은 건강한 본능을 병들게 한 주범입니다. 그래서 니체가 생각한 소크라테스는 건강한 그리스 정신을 후퇴시키고 전 유럽 사회를 병들게 만든 장본인인 것입니다.

이데아도, 하늘 세계도 없다

소크라테스의 제자 플라톤은 이성을 영원한 것으로 만들었습니다. 그는 이성을 가지고 영원한 세계를 창조했습니다. 우리가 보고 느끼는 감각의 세계는 언젠가 사라질 세계이고, 이성으로 도달하는 세계만이 영원하다고 생각했습니다. 그래서 우리가 생활하는 현실 세계를 불완전한 가상 세계라고 했고, 정신으로 인식할 수 있는 영원한 세계가 참된 세계라고 믿었습니다. 이 참된 세계를 플라톤은 '이데아'라고 했습니다. 플라톤의 가상 세계와 참된 세계는 앞서 설명한 칸트의 현상 세계와 물자체의 개념과 비슷합니다.

다시 설명하면, 지금 내 손에 있는 스마트폰은 플라톤에게는 가상 세계의 사물이고 칸트에게는 현상 세계의 사물입니다. 그 스마트폰은 언젠가 사라집니다. 그래서 보고 듣고 느끼는 세계는 플라톤에게는 가상이고 칸트에게는 현상의 세계가 되는 것입니다. 그러나 스마트폰이 완전히 없어지더라도 우리 정신 속에는 스마트폰으로 했던 인터넷 검색, 노래 듣기, 영화 보기 같은 여러 가지 일들이 그대로 남아 있습니다. 실물이 사라진 것이지 본질은 영원히 남아 있는 것입니다. 사라지지 않는 본질의 세계가 플라톤의 이데아고 칸트의 물자체입니다. 이 본질의 세계에 플라톤은 이성으로 도달할 수 있다고 했고 칸트는 느낄 수도 증명할 수도 없다고 했습니다.

플라톤은 『국가』에서 동굴 비유를 통해 가상 세계와 참된 세계를 설명합니다.

지하 동굴에 죄수들이 살고 있습니다. 그 사람들은 어릴 때부터 다리와 목이 쇠사슬에 묶여있어서 앞에 놓인 벽만 바라볼 수 있습니다. 고개를 돌릴 수도 없고 움직일 수도 없습니다. 그들 뒤쪽으로는 불빛이 그들을 비추고 있고, 죄수들과 불 사이에는 조그만 길이 있습니다. 그 길을 따라 사람들은 돌과 나무로 만든 각종 동물과 인형들을 운반합니다. 사람들이 길을 따라 왔다 갔다 할 때 불빛에 비치는 모습이 동굴 벽에 그림자를 만듭니다.

동굴 벽에 비친 그림자가 죄수들이 보는 세상입니다. 벽에 비친 그림자는 죄수들 등 뒤에서 타오르고 있는 불로 인해 만들어진 것입니다. 이 그림자를 진짜라고 믿는 죄수들은 그림자 이외의 세계가 있음을 전혀 알지 못합니다. 이 그림자의 실체는 가짜이며, 진짜는 다른 곳에 있는데 말이죠.

그런데 만약 이 죄수들 가운데 한 사람이 쇠사슬을 풀고 뒤에서 일어나는 진실을 보게 된다면, 즉 그림자를 만드는 불을 보게 된다면 어떨까요? 처음으로 불빛을 본 그는 눈을 뜨기 어려울 것입니다. 그러나 힘들게 눈을 뜨고 불빛을 바라봤을 때 자신이 보았던 그림자가 가짜인 것을 깨닫고 무엇이 진짜인지 비로소 알게 됩니다.

더 나아가 불 뒤에 나있는 좁은 통로를 통해 동굴 바깥으로 나온다면 햇빛으로 인해 전보다 더한 고통을 느낄 것입니다. 시간이 지나면서 바깥세상을 바라보게 된 이 죄수는 드디어 자신이 허위와 착각에 빠져 살아왔음을 깨닫게 됩니다. 이 깨달음을 얻은 사람이 동굴로 돌아가 그가 겪은 것을 이야기한다면 그는 미친놈으로 조롱받고 따돌림을 당하게 될 것입니다. 만약 그들을 밖으로 인도하려 한다면 동굴 속 죄수들은 그를 죽이려 할지도 모릅니다.

동굴 비유는 플라톤의 두 세계 이론을 잘 설명해줍니다. 죄수들이 보는 동굴 벽에 비친 그림자는 그들에게 실재 세계지만 사실은 불빛에 비친 가상 세계입니다. 실재 세계는 그들 뒤에 있습니다. 그러나 아무런 노력 없이 실재 세계에 도달할 수는 없습니다. 줄을 끊고 나간 자만이 실재 세계를 볼 수 있습니다. 실재 세계를 본 사람이 다시 돌아와 동굴 속 죄수들에게 본 것을 얘기해도 아무도 믿지 않는 것입니다.

플라톤은 우리가 감각으로 보고 느끼는 세계를 죄수가 보는 그림자와 동일한 가상 세계로 보았습니다. 참된 세계는 죄수들이 보지 못하는 곳에 있는 것처럼, 우리가 보고 느끼지 못하는 곳에 있다고 했습니다. 참된 세계는 어딘가에 존재하지만 단지 사람들이 느낄 수 없는 것뿐입니다. 이렇게 세계를 둘로 나누는 플라톤의 세계관은 그 뒤 서양 철학이 세상을 보는 기준이 됩니다.

기독교 세계관도 플라톤의 두 세계 이론에 근본을 두고 있습니다. 기독교에서도 지상세계와 하늘 세계로 세상을 둘로 구분하고, 신이 있는 하늘 세계를 영원한 절대 세계로 규정했습니다.

기독교가 지배한 세상은 대지를 무시하고 하늘을 신성시 했습니다. 하늘 세상을 지배하는 신은 절대자가 되었습니다. 신이 인간의 모든 삶을 결정했습니다. 모든 가치 판단은 신의 규율에 의해 정해졌고, 인간의 행동은 선과 악으로 명확히 구분되었습니다. 신의 규율에 따르기 위해 인간은 본능과 자유를 억제해야 했습니다.

플라톤이 만들고 기독교가 널리 퍼트린 두 세계 이론은 수천 년 동안 유럽의 역사, 문화, 사회, 철학 그리고 개인의 삶을 지배했습니다. 두 세계 이론은 느끼고 가보지도 못하는 저 어딘가의 하늘 세계를 숭배하게 만들었습니다. 하늘 세계를 지배하는 신에 의지해야만 하는 인간은 더 이상 풀밭을 뛰어다니는 자유롭고 강한 동물이 아니었습니다. 모든 본능을 안으로 삭히고 많은 욕구를 억제해야 했습니다. 인간은 나약해진 것입니다.

니체가 망치로 부수는 대상은 인간의 본성에 반대되는 가치들입니다. 두 세계 이론처럼 말입니다.

니체는『우상의 황혼』에서 참된 세계가 생기고 사라지는 과정을 6단계로 설명합니다.

1. 지혜로운 자, 경건한 자, 덕 있는 자는 참된 세계에 이를 수 있다. 그는 그 세계 안에 살고 있으며, 그가 세계다.

1단계는 플라톤의 참된 세계입니다. 이데아입니다. 참된 세계는 보이지 않지만 이성의 인간은 도달 가능한 세계입니다.

2. 참된 세계에 지금은 이를 수 없다. 그렇지만 지혜로운 자, 경건한 자, 덕 있는 자(회개하는 죄인)에게는 약속되어 있다.

2단계는 기독교의 참된 세계입니다. 플라톤의 참된 세계는 기독교를 만나면서 서양인의 삶, 문화 그리고 정신이 됩니다. 기독교의 참된 세계는 지금은 도달할 수 없는 세계지만 신앙생활을 통해 죄인임을 인정하고 반성하는 자에게는 열려 있는 세계입니다.

3. 참된 세계는 이를 수 없고 증명할 수 없으며 약속도 할 수 없다. 그렇지만 이미 위안으로, 의무로, 명령으로 생각되고 있다.

3단계는 칸트의 참된 세계입니다. 칸트가 물자체라고 했던 참된 세계는 도달할 수도 없고 증명할 수도 없습니다. 하지만 그런 세계는 믿어야 할 의무이자 명령입니다.

4. 참된 세계에 도달할 수 없다? 어쨌든 도달하지는 않았다. 도달하지 않았기에 알려지지도 않았다. 그러므로 위로하지도 구원하지도 못한다. 의무의 대상도 아니다. 무엇 때문에 우리에게 알려지지 않은 것에 대한 의무를 진단 말인가?

4단계에서 참된 세계는 아무도 도달하지 못했기 때문에 어떠한 구원도 의미도 없어집니다.

5. 참된 세계. 더는 아무 쓸모없는 관념. 더는 의무도 아니다. 불필요하고 쓸모없어진 관념, 그래서 반박된 관념. 이것을 없애버리자.

5단계에서 참된 세계가 이제 쓸모없어 집니다.

6. 우리는 참된 세계를 없애버렸다. 어떤 세계가 남는가? 아마도 가상 세계? 천만에! 참된 세계와 함께 우리는 가상 세계도 없애버린 것이다!

6단계에서 와서 참된 세계는 드디어 사라지고, 가상 세계와 참된 세계의 구분 자체가 없어집니다. 6단계가 니체의 단계입니다. 니체에 와서 두 세계 이론은 사라지고 우리가 살고 있는 현실 세계만이 유일한 세계가 됩니다.

절대 가치의 상징인 신은 죽었고, 이성과 영혼에 의해 만들어진 참된 세계는 사라졌습니다. 인간의 삶과 정신을 지배해온 절대 가치가 사라진 세계에서 우리는 어떻게 살아가야 할까요?

우선 절대 가치가 허구라는 것을 받아들여야 합니다. 그동안 절대 가치라고 부르는 것들은 외부에서 강요된 것이고 인간이 만든 것입니다. 가치판단의 중심에 다른 사람이 있느냐, 내가 있느냐 하는 것이 가장 중요합니다. 나 자신이 가치판단의 주인이 될 때 우리는 외부의 힘에 강요된 수동적 삶에서 벗어나 나로 살 수 있는 능동적 인간이 됩니다.

우리는 보통 행동과 판단의 기준을 다른 사람에게서 찾습니다. 나 자신의 판단과 생각보다 남들이 하는 말을 더 신뢰합니다. 우리는 '어디 학원이 좋다더라', '좋은 대학에 가려면 3시간만 자야한다더라' 하는 주변 사람들의 말에 이리저리 흔들립니다. 친한 친구가 나보다 더 많은 학원을 다닌다는 사실을 알았을 때는 갑자기 불안해지기도 합니다. 자기 자신이 주인이 되어 판단을 하지 못하면 스스로 결정하지 못합니다. 이것은 일종의 습관입니다. 그래서 어른이 되어서도 중요한 판단과 선택을 할 때 외부의 것에 의존하는 습관을 버리지 못합니다. 평생 다른 사람의 인생을 사는 꼴입니다.

가치판단을 자신이 하는 것과 남에게 의존해서 하는 것에는 엄청난 차이가 있습니다. 부모님이 원하는 공부와 자신이 원하는 공부가 다른 것처럼 말입니다. 부모님도 결국에는 내 인생에서 다른 사람입니다. 너무 당연한 얘기지만 내 인생은 내가 살아가는 것입니다. 부모님의 의견과 경험이 내 인생에 많은 도움이 될 수는 있지만 절대 가치는 될 수 없습니다. 주변에서 절대라는 단어로 우리 삶을 강요하는 사람은 의심해봐야 합니다. 부모님도 예외일 수 없습니다.

가치 판단의 주인은 항상 내가 되어야 합니다. 나의 의지로 나의 가치를 규정하고 창조하는 인간이야말로 니체가 이상적인 인간 유형으로 설정한 초인입니다.

니체는 신과 하늘 세계가 규정했던 절대 가치를 파괴하고, 자신의 가치를 창조할 수 있는 인간, 초인을 만들었습니다. 초인은 다른 세계에 있는 인간이 아니라 자신의 가치를 스스로 창조하는 인간입니다.

초인은 외부 가치인 신과 하늘 세계를 더 이상 믿지 않는 자입니다. 자신이 사는 땅의 세계와 자신 안의 가치에 충실한 자입니다. 가치의 기준이 외부에서 자신으로 돌아온 것입니다. 외부에서 들리는 목소리에 흔들리지 않고, 자신의 가치를 창조할 수 있을 때에만 내 삶은 나에게 절대 가치가 됩니다.

4

인간을 나약하게 만드는 도덕

도덕을 재평가하다

니체는 신, 하늘세계 그리고 이성으로 대표되는 서양의 전통 가치를 재평가하고 폐기했습니다.

이제 인간의 행위를 규정하는 도덕을 재평가하는 니체를 살펴볼 것입니다. 니체는 오랫동안 '도덕이 정말 인간과 사회를 성장시키는 것일까?' 하는 의문을 가졌습니다. 신이 지배하는 세상의 도덕은 인간의 행위를 선한 것과 악한 것으로 명확히 구분하였습니다. 신의 규율에 충실하면 선한 자, 그렇지 않으면 악한 자가 되었습니다. 신의 은총을 받기 위해서는 모두가 선한 자가 되어야 했고 나의 가치보다는 타인과 이웃의 가치를 더 소중하게 생각해야 했습니다.

니체 철학의 한 가운데에는 '나'가 있습니다. 니체의 메시지는 한

결 같이 나를 위하고, 나를 긍정하고, 나 자신이 되는 것을 얘기합니다. 그는 나 자신보다 타인을 위한 삶, 나의 가치보다 외부의 가치를 추구하는 삶을 혐오했습니다. 타인과 이웃에 대한 사랑보다 자신에 대한 사랑을 가장 중요하게 생각했습니다. 자신에 대한 사랑 없이 타인을 사랑하는 것은 위선이고 거짓이라고 했습니다. 자신을 진정으로 사랑할 수 있는 사람만이 타인과 이웃을 진심으로 대할 수 있다는 것입니다.

도덕은 사람이 지켜야 하는 도리이며 행동을 판단하는 기준입니다. 우리는 부모님과 학교에서 자연스럽게 도덕을 배우며 자랐습니다. 아이들은 '이렇게 해야지 착한 사람이다', '저것은 안 된다. 그러면 나쁜 사람이다' 같은 말을 들으며 도덕을 배웁니다. 그렇게 가정과 학교에서 배운 도덕은 나의 행동 기준이 되고, 다른 사람들의 행위를 평가하는 기준이 됩니다. 그 기준이 사람을 선한 사람, 좋은 사람, 악한 사람, 멀리해야 하는 사람으로 구분하는 것입니다.

니체는 도덕적 판단이 행동의 절대 기준이 되는 것을 경고했습니다. 그는 모든 상황, 모든 사람에게 적용하는 절대 도덕은 존재하지 않으며, 현상에 대한 도덕의 해석만이 있을 뿐이라고 했습니다. 그러나 신이 지배한 서양 유럽은 절대 도덕이 인간에게 행동 기준을 제시했습니다. 절대 도덕에서 강조하는 동정, 이웃사랑, 겸손을 실천해야 하는 인간은 점점 나약해 질 수밖에 없고, 때로는 나 자신을 부정해야 했습니다. 그래서 니체는 인간의 본성을 억누르는 서양의 절대 도덕을 의심하고 재평가하려 했던 것입니다.

태곳적에 인간의 행위는 좋음과 나쁨만 있었습니다. 내가 좋으면 좋은 것이고, 내가 싫으면 나쁜 것이었습니다. 맹자는 인간의 본성이 선하다고 했지만 인간은 본능에 충실한 존재이지 선한 존재도 악한 존재도 아니었습니다. 먹고 먹히는 아프리카의 푸른 들판에는 동물 본능만이 존재할 뿐이지 선과 악의 개념이 없습니다. 도덕이란 개념은 인간이 공동체를 만들고 역사가 발전하면서 생긴 것입니다. 도덕은 인간의 행위와 사물을 선과 악으로 구분해 구성원들을 보호하면서 동시에 통제했습니다. 지배계급의 권력이 강하면 강할수록 선과 악의 구분은 더욱 명확해졌습니다.

우리는 절대 가치라는 우상을 이미 폐기했습니다. 도덕에 절대성을 부여하면 그것도 우상이 됩니다. 부셔야 하는 것입니다. 그러면 절대 도덕이라는 것이 존재할까요? 모든 시대와 모든 상황에 적용할 수 있는 도덕이 존재할까요?

서양의 기독교 가치관에서도 절대 도덕이 존재했습니다. 기독교뿐 아니라 하나의 신을 섬기는 종교에서는 일반적으로 행위를 규정하는 절대 규율이 존재합니다. 종교가 세상이 되고 권력이 될 때 종교 규율이 절대 도덕이 되는 것입니다. 우리가 중세시대라고 부르는 천년 동안의 서양 역사는 기독교가 세상 그 자체였고 모든 가치의 기준이었습니다. 신의 대리인을 자처하는 교황은 신성 로마제국의 황제도 마음대로 할 수 없는 절대자였습니다. 14~15세기 르네상스 시대에 인간성의 부활을 시도하는 노력이 있었지만 16세기 종교개혁 운동으로 서양은 여전히 기독교의 가치가 우세한 곳으로 남아있었습니다.

종교 규율에서 규정하는 절대 도덕을 제외하면 일반적으로 사회가 변화하고 발전하면서 도덕의 평가도 변합니다. 추구하는 가치가 시대와 상황, 그리고 사람마다 다르기 때문에 선악의 개념도 바뀌는 것입니다. 조선시대 도덕과 21세기 도덕은 엄연히 다릅니다. 독재 시대에 통용되던 도덕과 21세기 민주사회의 도덕 역시 다릅니다. 또한 누구의 시각으로 판단하느냐에 따라 도덕 기준도 바뀌게 됩니다.

도덕에 대한 평가는 변한다

어려서부터 익숙하게 읽은 전래동화 대부분은 선한 것과 악한 것을 명백히 구분합니다. 선한 행위는 복을 받고 악한 행위는 벌을 받는다는 교훈을 주기 위해서입니다. 전래동화에서는 복을 받는 사람들은 겸손하고, 양보하고, 순응하고, 소심합니다. 반대로 악한 사람들은 욕심이 많고, 이기적이고, 강합니다.

가장 잘 알려진 전래동화인 『흥부와 놀부』에서도 선과 악의 구분이 명확합니다. 흥부는 가난하고 무능력하지만 욕심이 없고 착한 사람입니다. 반대로 놀부는 돈이 많지만 욕심이 많아서 자신의 이익만 채우는 사람입니다. 흥부는 선의 상징이고, 놀부는 악의 상징입니다. 결국 악한 행동을 한 놀부는 벌을 받고 착한 흥부는 복을 받으면서 동화는 끝납니다.

『흥부와 놀부』 이야기를 물질만능 시대를 살고 있는 현재의 관점으로 보면 다른 해석을 할 수 있습니다. 현대 사회에서 물질, 즉 돈은 모든 가치의 최상위에 있습니다. 돈이 명예고 권력이며, 선이고 인격인 시대입니다. 놀부는 나쁜 사람이라고 배우며 자란 아이도, 흥부처럼 착하게 살아야 한다고 가르치는 어른도 돈이 인생에서 얼마나 중요한지 알고 있습니다. 많은 사람들은 착하게 사는 것보다 매달 돌아오는 아파트 대출금과 카드 값을 잘 갚는 것을 더 중요한 가치로 여깁니다. 물질이 최우선의 가치인 지금 시대는 돈 많은 놀부가 가난한 흥부보다 가치 있는 인간이 됩니다. 물질이 만능인 시대에서 돈 잘 버는 놀부는 선이 되고 가난해서 자식을 굶기는 흥부는 악이 됩니다. 전통적인 선악의 개념과 그 가치가 시대에 따라 뒤바뀌는 것입니다.

아버지의 눈을 뜨게 하려고 바다에 몸을 던진 심청이의 행동은 동양에서 최고의 선으로 여겨지는 효의 상징입니다. 우리는 심청이가 살아 돌아온다는 것을 이미 알고 있기 때문에 심청이의 행위에 크게 주목하지 않습니다. 그러나 아버지를 위해 자신의 생명을 던지는 것이 정말 선한 것인지에 대해서는 다시 생각해 볼 문제입니다.

조선시대 도덕에서는 남녀가 7세가 되면 한 자리에 앉지 못했고, 결혼한 여성은 남편이 죽더라도 다시 시집을 가지 못했습니다. 요즘은 어떤가요? 남녀 고등학생들은 떳떳이 손잡고 거리를 다니고, 중학생 여자 아이들은 당당히 립스틱을 바르고 다닙니다. 그리고 여성들이 두 번 결혼하는 일은 더 이상 흠이 되지 않습니다.

17~18세기 유럽 사회에서 노예는 사고파는 물건이었습니다. 노예는 인간이 아니었기 때문에 동물로 취급해도 도덕적으로 문제가 없었습니다. 하지만 오늘날 노예제도라는 것은 존재하지 않습니다. 모두를 소중한 인간으로 생각합니다. 이처럼 도덕은 시대와 상황에 따라 변하고 달라집니다.

또한 서로의 이해가 부딪힐 때 선과 악이 달라집니다. 사람들이 다투면서 자기 얘기만 하는 것은 모든 것을 나의 시각에서 판단하기 때문입니다. 상대방과 충돌할 때는 내가 항상 선이 되고 상대방은 악이 됩니다. 내가 악이라고 규정하는 상대방도 사실은 자신이 선이라고 똑같은 생각을 하고 있는데 말이죠.

국가 간의 관계도 그렇습니다. 조선 침략의 원흉 이토 히로부미를 중국 하얼빈 역에서 쓰러트린 안중근 의사가 그 예입니다. 안중근 의사는 나라를 빼앗기고 절망하는 대한민국 역사에서 가장 위대한 일을 했습니다. 안중근 의사의 총소리는 선을 상징합니다. 이토 히로부미는 대한민국 역사에서 대표적인 악입니다.

그러나 일본 입장에서 선악의 가치판단은 180도 달라집니다. 일본은 19세기 중반 사무라이 정권을 무너트리고 새로운 시대를 열었습니다. 그 뒤 일본은 수십 년 만에 하늘과 땅이 뒤바뀔 정도로 변합니다. 예전에는 쳐다보지도 못했던 청나라, 러시아와 벌인 전쟁도 이겨버립니다. 그 엄청난 변화의 중심에 이토 히로부미가 있었습니다. 한때 세계 최대의 경제 대국이자 최고 수준의 문화국가였던 청나라의 실력자이홍장에게 굴욕적인 조약에 사인을 받고 머리를 숙이게 한 인물이 바로 이토 히로부미입니다. 안중근 의사가 하얼빈에서 쓰러트린 사람은 일본의 심장이었던 것입니다. 그래서 안중근 의사는 일본에서 일급 테러리스트입니다.

국가 사이의 선악 대립은 북한과 맞서고 있는 우리나라를 봐도 명백히 알 수 있습니다. 우리 모두 북한을 욕하지만 북한 역시 똑같이 우리를 욕합니다.

요즘 뉴스에서 자주 보는 이슬람 세력의 테러도 입장에 따라 선과 악이 완전히 달라집니다. 테러로 인해 많은 일반인들이 희생됩니다. 당연히 누구나 테러리스트의 행동에 분노할 것이라고 생각합니다. 그러나 테러를 벌인 이슬람 세력의 시각에서는 서방 세계의 민간인은 악의 세계에 속해있는 구성원입니다.

이처럼 도덕에 대한 평가는 시대마다 다르고, 보는 관점에 따라 다릅니다. 어느 집단이나 그 집단에 적용되는 도덕 기준이 있습니다. 하지만 절대 도덕은 종교 규율 이외에는 존재하지 않습니다.

니체는 『차라투스트라는 이렇게 말했다』에서 선악의 구분은 각 민족이 살아남기 위한 목적이기 때문에 선악은 각 민족마다 다를 수밖에 없다고 말하고 있습니다.

"먼저 평가할 줄 모르고는 그 어떤 민족도 살아남기 어려울 것이다. 그러나 살아남으려면, 이웃 민족이 평가하는 대로 평가해서는 안 된다.

나는 한 민족이 선으로 여기는 많은 것들을 다른 민족은 조소와 수치로 여기는 것을 보았다. 나는 여기서 악이라고 불리는 많은 것들이 저기서는 화려한 영예로 장식되는 것을 보았다. 이웃 민족들은 서로를 결코 이해하지 못했으며, 서로 언제나 이웃 민족의 광기와 악의에 놀랐다."

도덕은 항상 옳을까?

모두에게 적용하는 절대 도덕이 과연 존재할 수 있는가에 대한 질문은 도덕철학 분야에서도 오랫동안 제기되어온 문제입니다

영국 공리주의자들은 그에 대한 해답으로 최대 다수의 최대 행복을 주장했습니다. 많은 사람들이 즐겁고 행복한 것이 옳은 것이라고 생각했습니다. 그러나 이것도 완벽할 수는 없습니다.

트롤리 딜레마(Trolley Dilemma)를 생각해봅시다. 저쪽에서 브레이크가 고장난 기차가 빠르게 달려오고 있습니다. 기차를 멈출 수 있는 방법은 없습니다. 그런데 선로에서 5명의 인부들이 작업을 하고 있습니다. 어떠한 조치를 취하지 못한다면 인부들은 끔찍한 사고를 당할 것입니다. 선로 변환기로 기차의 선로를 변경하면 기차는 다른 선로로 가게 될 것입니다. 하지만 그쪽 선로에도 인부가 작업을 하고 있습니다. 인부는 1명입니다.

이 상황에서 우리는 딜레마에 빠집니다. '5명을 살리기 위해서 1명

을 희생해도 되는 것일까?'하고 말입니다. 공리주의 입장에서는 5명을 살리기 위해 1명을 희생하는 것이 옳다고 합니다. 하지만 어느 누구도 그 선택을 완벽히 옳다고 할 수는 없을 것입니다.

이런 점에서 공리주의도 절대 도덕이 될 수 없습니다. 다수에게 옳은 것이 절대 진리가 될 수 없듯이 다수를 위해 소수를 희생시키는 논리도 옳다고 할 수 없습니다.

절대 도덕이 존재하기 위해서는 인간을 넘어서는 절대자의 규율이 있어야 합니다. 도덕이 절대성을 가지면 그 도덕은 독재가 됩니다. 사람들은 도덕에 대한 의심이나 의문을 제기할 수 없기 때문입니다. 절대 도덕이라는 가치는 다른 중요한 가치들을 무시합니다. 도덕의 가치가 개인의 가치 위에 위치하는 것입니다. 그래서 변하지 않는 절대 도덕 안에서 사람들은 똑같이 규격화될 수밖에 없습니다.

절대 권위가 다스리는 세상은 선과 악이 명백합니다. 수학 법칙 같은 도덕 법칙이 존재하기 때문입니다. 수학 문제의 정답처럼 도덕에도 정답이 존재하는 것입니다. 십계명 같은 것이 그러한 절대 도덕입니다. 그 안에서는 모두가 똑같이 행동하고 생각해야 합니다. 수학 문제의 정답을 두고 정답이 아니라고 하면 이상한 사람 취급을 받듯 종교 규율에 반하는 행동을 하면 악한 사람으로 여겨져 공동체에서 배제되고 무시무시한 벌을 받습니다. 인간 위에 위치하는 절대 도덕의 가치는 가장 소중한 인간의 가치에 반대되는 가치입니다. 세상의 모든 가치 중 나의 가치보다 중요한 것은 없습니다. 나의 가치가 있고 그 다음에 도덕의 가치가 있는 것입니다.

도덕의 기원

도덕은 시대와 상황에 따라 변하고, 해석하는 주체와 보는 관점에 따라 달라집니다. 그러나 시대와 상황을 뛰어넘는 서양의 절대 도덕은 시대와 상황, 인간의 개별성과 본능을 인정하지 않았습니다. 절대 도덕은 선과 악이라는 절대평가 방식으로 인간의 다양성과 상대성을 무시하고, 삶의 자유를 제한했습니다. 행위와 사물의 가치를 선과 악으로 명백히 구분하는 절대 도덕은 인간을 평가하는 가장 강력한 힘이었던 것입니다.

사람들은 사회의 안정과 평화를 위해 선한 사람을 악한 사람보다 더 가치 있다고 평가하는 것에 동의합니다. 꼭 그럴까요? 선한 사람이라고 항상 사회에 도움이 되고 좋은 사람일까요? 선한 사람이 사회를 발전시키고 인간을 성장시킬까요? 반대로 선한 사람이 사회를 후퇴하게 할 수도 있지 않을까요?

니체는 선한 인간으로 안정과 편안함만을 추구한다면 인간이 다다를 수 있는 최고의 삶에 이르지 못한다고 말했습니다. 모범적이고 착한 사람이 오히려 인간적인 매력이 떨어지는 이유가 이와 비슷할 것입니다. 그 책임은 도덕에 있습니다. 도덕의 가치가 개인의 가치를 넘어설 때 인간의 성장은 멈추고 오히려 뒤로 후퇴합니다. 도덕은 사회를 유지하기 위해 꼭 필요한 규칙이지만, 그것이 지나칠 때에는 개인의 삶에 치명적인 독이 됩니다.

우리는 사회가 만들어놓은 틀 안에서 살도록 교육 받았습니다. 그 울타리 안에 있으면 착한 사람이 됩니다. 삶도 어느 정도 안정적이고 안전합니다. 그 대신 강요하고 명령하는 울타리 속 도덕은 내가 하고 싶은 것, 푸른 풀밭을 달리고 싶은 본능과 욕구를 자제하고 포기하게 합니다. 외부의 가치를 위해 내 안의 가치를 포기하는 것입니다. 강요하는 가치가 가장 소중한 나의 가치를 훼손하는 것입니다.

니체는 비이기적인 가치, 즉 다른 사람을 동정하고 자신을 희생하는 도덕 가치가 인류에게 커다란 위험이자 종말의 시작이라고 보았습니다. 나보다 다른 사람의 이익을 먼저 생각하는 비이기적인 도덕과 동정 도덕은 나 자신을 부정하게 하고 감정을 약하게 하는 질병 같은 것이라는 얘기입니다.

니체는 가장 소중한 나 자신의 가치를 병들게 하는 도덕을 재평가하기 위해 이제껏 아무도 시도하지 않았던 방식을 사용했습니다. 도덕의 역사와 기원을 추적하는 것입니다. 도덕의 가치가 어떻게 성장하고 발전해왔으며, 변화해온 조건과 상황은 어떠했는지 알아내려 한 것입니다. 세계 최초로 시도한 도덕의 기원을 추적하는 일은 어려운 작업이었습니다. 이것은 숨겨진 땅을 찾기 위해 탐험하는 것과 같습니다. 또한 해석하기 어려운 옛 상형 문자를 읽는 것과 같은 것입니다.

인간이 생각하고 행동할 때 꼭 필요한 것이 도덕입니다. 동물 세계와 자연에는 도덕이 없습니다. 인간도 공동체를 이루기 전에는 도덕이라는 개념이 존재하지 않았습니다. 선과 악, 양심 같은 도덕의 개념과 가치들이 어떻게 생겼는지, 인간 사회에 미친 영향은 어땠는지 알아보는 것은 흥미로운 과정일 것입니다.

니체는 도덕의 개념과 가치의 기원을 탐구하고 그 내용을 『도덕의 계보』에 담았습니다. 도덕의 뿌리와 역사를 안다는 것은 이미 최고의 가치로 인정하는 도덕에 대해 진지하게 의심하고 질문을 던져볼 수 있는 힘이 될 것입니다.

선과 악의 탄생

이제 우리는 니체의 도움으로 인간의 행동을 규정하는 선과 악은 어떻게 생겨났고 인간은 왜 선과 악을 만들었는지 그 뿌리를 찾아갈 것입니다.

니체는 철학자이자 고전문헌 학자였습니다. 박사 논문 없이 스물다섯 살에 바젤 대학 교수가 된 것도 고전문헌학 분야입니다. 그래서 니체는 고전 문학과 옛 언어에 해박한 지식을 가지고 있었습니다. 선과 악의 근원이 되는 좋음과 나쁨을 언어의 개념으로 설명하는 것도 그런 이유입니다.

원시시대에는 선과 악이라는 개념이 없었습니다. 좋음과 나쁨만이 있었습니다. 좋음과 나쁨은 선과 악이라는 도덕적 구분을 하지 않습니다.

좋음과 나쁨에서 가치 판단의 주체와 기준은 내가 됩니다. 좋음과 나쁨이란 상대방이 평가하는 것이 아니라, 나 자신이 느끼는 것입니다. 나 자신이 좋고 나쁘면 그만입니다. 기분이 좋고, 맛있고, 시원한 바람이 불고, 소화가 잘되고, 풍경이 멋있으면 좋음이고 머리가 아프고, 날씨가 춥고, 배가 아프고, 잠이 안 오면 나쁨입니다. 영어로 'Good'과 'Bad'이고, 독일어로 'Gut'과 'Schlecht'입니다.

언어학으로 좋음(Gut)이란 원래 '신분이 고귀한, 귀족적인'이란 의미였습니다. 이것이 정신적 의미로 발전해서 '몸가짐과 성품이 훌륭한'이란 의미가 되었습니다. 반대로 나쁨(Schlecht)이란 '성품이 천박하고, 수준이 낮은'에서 나온 말입니다.

독일어로 나쁨(Shlecht)이란 단어는 소박한(Schlicht)과 같은 말입니다. 즉 나쁨이란 단어에는 원래 악하다는 부정의 의미가 없었습니다. 귀족적이고 고귀한 사람들과 대조되는 평범하고 소박하는 사람들을 지칭하는 말이었습니다. 언어적 기원으로 본다면 좋음과 나쁨의 차이는 신분의 차이였던 것입니다.

좋음과 나쁨의 의미는 종교 업무를 담당하는 성직자 계급이 등장하면서 변했습니다. 원래 성직자들은 고귀한 귀족과 반대로 신분이 낮은 사람들이었습니다.

성직자들은 지배계급인 귀족들과 차이를 만들어야 했습니다. 신분이나 힘으로 이길 수 없었기 때문에 생각해낸 것이 정신적 우위를 통한 도덕의 승리였습니다. 순수하거나 순결한 생활이 정신적으로는 귀족보다 높은 위치에 있다고 생각한 것입니다.

순수한 사람은 원래 몸을 씻는 자, 피부병을 일으키는 음식을 금하는 자를 의미했습니다. 하지만 성직자들은 순수를 고결한 것으로 만들어 순수와 불순이라는 단어로 신분을 구분하는 수단으로 사용했습니다. 그들은 순수하고 순결한 것은 좋은 것이고 불순한 것은 나쁜 것이라고 규정했습니다. 성직자 세력이 강해지면서 귀족적인 것과 신분이 낮은 것으로 구분하던 좋음과 나쁨이, 순수한 것과 불순한 것의 가치로 변하게 되었습니다.

가치평가 방식의 주체가 귀족에서 성직자로 바뀌었습니다. 본래 귀족의 가치판단에서 좋은 것은 강한 몸, 생기 넘치는 건강, 그리고 그것을 보전하는데 필요한 조건들 즉 전쟁, 모험, 사냥, 춤, 시합 등 쾌활한 활동을 포함하는 모든 것이었습니다. 하지만 성직자의 가치판단에서는 그 가치가 완전히 달라집니다. 성직자 세계는 고귀하고 강력한 귀족계급을 사악하고 잔인한 자, 탐욕스런 자, 신을 부정하는 자로 간주합니다. 반대로 가난하고, 힘없고, 순진하고, 비천한 자들을 선한 자로 인정합니다.

성직자 계급을 대표하는 것은 유대 민족이었습니다. 그들은 민중들에게 가엾고 불쌍한 자만이 신의 축복을 받을 것이며 귀족적이고, 강한 자, 본능적인 자는 신의 저주와 벌을 받을 것이라고 가르쳤습니다. 여기서 주인이었던 귀족 가치와 노예였던 성직자 가치가 대립하게 되었습니다.

주인 도덕과 노예 도덕

니체는 두 가지 대립되는 도덕을 주인 도덕과 노예 도덕으로 구분했습니다.

『선악의 저편』에서 묘사한 주인 도덕과 노예 도덕의 특징을 정리하면 아래와 같습니다.

주인 도덕은 지배자의 도덕입니다. 좋음(Gut)의 결정을 스스로 하고, 그들과 반대되는 인간들을 분리시킵니다. 그리고 그러한 사람들을 경멸합니다. 주인 도덕에서 좋음(Gut)과 나쁨(Schlecht)의 관계는 고귀한 것과 경멸스러운 것과 같은 관계입니다.

주인 도덕에서 선과 악의 대립은 고귀함과 비천함의 대립입니다. 고귀한 인간들은 겁쟁이, 불안해하는 자, 소심한 자, 한쪽의 이익만을 생각하는 자를 싫어합니다. 또 의심하는 자, 자기 자신을 낮추는 자, 학대하는 자, 구걸하는 아첨꾼, 그리고 무엇보다도 거짓말쟁이를 경멸합니다. 비천한 자는 거짓말쟁이라는 것은 모든 귀족의 근본 신념입니다.

주인 도덕에서는 스스로 가치를 창조하기 때문에 타인을 의식하지 않습니다. 자신의 입장에서 모든 것을 평가하고 존중합니다. 힘이 넘칩니다. 불행한 사람을 돕지만, 동정해서가 아니라 넘치는 힘이 만드는 충동으로 돕는 것입니다. 또한 강자나 경쟁자를 피하지 않고 오히려 존경합니다.

반면에 노예 도덕은 지배받는 자의 도덕입니다. 그들은 박해받는 자, 억압받는 자, 고통 받는 자, 자유롭지 못한 자, 스스로에 대해 확신이 없는 자, 피로에 지친 자들입니다.

그들은 강한 자들을 증오하며 원한의 마음을 품습니다. 강자들을 불신하며, 그들의 행복은 참된 것이 아니라고 스스로 설득합니다. 그러면서 고통 받는 자들의 특성을 존중합니다. 동정, 도움을 주는 따뜻한 손길, 인내, 근면, 겸손, 친절이 그것들입니다. 이런 것들은 삶의 압력을 견딜 수 있는 유일한 수단입니다. 그래서 노예 도덕은 살아가는데 쓸모가 있는 도덕입니다.

주인 도덕을 따르는 고귀한 인간들은 스스로 행복하기 때문에 외부의 강요에 의해 자신의 행복을 인위적으로 꾸밀 필요가 없습니다. 그들은 긍정적이고 자신을 신뢰하며 마음을 열어놓고 살아갑니다. 그들은 치유하는 힘과 망각하는 힘이 있기 때문에 자신의 적, 고난, 실패를 오랫동안 마음에 두지 않습니다. 심지어 적에게 조차 원한과 복수의 대상이 아닌 자신을 발전시킬 수 있는 존경의 대상으로 여깁니다.

반면에 강한 자에게 원한을 품은 노예 도덕의 인간은 솔직하지도 순진하지도 않으며 자신에게 정직하지도 않습니다. 그들은 항상 곁눈질을 하며 은신할 곳과 빠져나갈 곳을 마련해 둡니다. 자신의 생존을 위해서는 침묵하기도 하고 자신을 비굴하게 만들며 복종하기도 합니다. 지배자를 악이라고 규정하고 악에 지배받는 자기 자신을 선한 인간으로 만들어냅니다.

유럽을 지배한 노예 도덕

선과 악은 항상 대립합니다. 주인 도덕에서는 힘이 넘치는 인간이 선한 인간이고, 나약하고 순종하는 인간이 악한 인간이 됩니다. 반면에 노예 도덕에서는 위험하지 않은 인간이 선한 인간이 되고 자신들을 지배하고 위협하는 인간이 악한 인간이 됩니다. 이러한 선악의 대립을 통해 노예 도덕은 마침내 주인 도덕에 반란을 일으킵니다.

니체는 노예 도덕이 반란을 일으킨 근본 원인을 주인에 대한 원한으로 보았습니다. 그래서 노예 도덕을 원한 도덕이라고 부르기도 합니다. 주인 도덕에서는 가치의 기준이 자신인데 반해 노예 도덕에서는 가치판단의 시선이 자신이 아닌 바깥에 있습니다. 노예 도덕은 가치의 시선을 외부에 두기 때문에 자신들보다 힘이 센 주인에 대한 원한과 감정이 생기는 것입니다.

원한의 감정이 주인에게 반란을 일으킨 것입니다. 상대적으로 힘이 약한 노예들은 강자들에게 힘으로 맞설 수 없기 때문에 복수의 수단으로 정신을 이용합니다.

인류의 역사는 이러한 주인 도덕과 노예 도덕 간의 갈등으로 이어져 왔습니다. 주인 도덕과 노예 도덕이 충돌한 대표적인 경우가 로마와 유대인의 싸움입니다. 로마는 서방 세계의 주인이었고 유대인은 로마의 지배를 받는 노예 민족이었습니다.

로마인들은 고귀하고 귀족적이었으며 강인하고 진취적이었습니다. 유대인들은 천민이자 성직자 민족이었습니다. 유대인들은 자신의 주인인 로마인들에게 원한의 감정을 가지고 있었습니다. 그러나 힘으로는 이길 수 없었기 때문에 기독교의 가르침인 사랑과 용서를 이용한 것입니다.

사랑과 용서는 노예 민족인 유대인들이 주인인 로마인들에게 가할 수 있는 정신적 복수입니다. 사랑을 베풀고 용서를 하면서 로마인들보다 도덕적으로 우위에 있으므로 승리했다고 자부한 것입니다.

유대인들은 유대교를 계승한 기독교의 사랑과 용서라는 정신 무기로 로마에 깊숙이 침투하여 마침내 주인인 로마인에게 복수하고 승리했습니다.

기독교는 마침내 로마의 종교가 되면서, 세상의 종교가 됐습니다. 유대인의 노예 도덕이 로마의 주인 도덕을 이긴 것입니다. 그 결과 세계인의 절반이 세 명의 유대인 남자와 한 명의 유대인 여자에게 고개를 숙이게 되었습니다. 세 명의 유대인 남자는 나사렛 예수, 어부였던 베드로, 천막을 만들던 바울이고, 한 명의 유대인 여자는 예수의 어머니 마리아입니다.

로마제국은 기독교 세상이 된 이후 몰락을 거듭하다가 멸망했습니다. 그 뒤 천년 가까이 유럽 중세시대는 모든 것이 기독교로 설명되는 기독교 세상 그 자체가 되었습니다. 14~15세기 르네상스 시대에 인간성과 고귀한 가치평가 방식이 찬란하게 부활했지만, 종교개혁과 프랑스 혁명을 거치며 노예 도덕은 또 다시 승리를 거두었습니다. 이것으로 유럽에 존재했던 고귀한 귀족주의는 민중의 원한 도덕으로 다시 붕괴하고 말았습니다.

노예 도덕의 승리는 모든 유럽인을 평균인으로 만들었고, 강인한 본능과 욕망을 억제하게 만들었습니다. 위대해지기 위해 투쟁했던 인간의 행동은 노예 도덕에서 가르치는 겸손, 동정, 이웃 사랑의 정신에 흡수되었습니다. 상승하려는 인간의 본능은 아래로 내려가야 했습니다. 강한 것보다 빈약하고 선량한 것, 모험보다 안락한 것을 추구하게 되었습니다. 넓고 푸른 들판을 뛰어다니며 넘치는 에너지를 발산하는 인간들은 이제 자취를 감추었습니다.

수천 년 동안 좋음과 나쁨, 선과 악은 대립했습니다. 로마인와 유대인의 싸움으로 상징되는 선악의 대립은 기독교를 앞세운 유대인의 승리로 끝났습니다.

인류 초기에는 선과 악의 개념이 없었습니다. 좋음과 나쁨의 기원이 고귀한 것과 비천한 것이었던 것처럼 애초에 인간은 자신들의 행위를 '옳다/나쁘다'로 구분하지 않았습니다. 자연 속에서 일어나는 모든 행위와 변화들을 우리가 '옳다/나쁘다'로 판단하지 않는 것과 같습니다. 폭풍우와 태풍, 지진처럼 자연이 주는 가혹함에 대해 인간은 자연의 행위가 나쁘다고 말하지 않습니다. 화창한 날도 있고 폭우가 쏟아지는 날도 있듯이 자연은 선과 악이 아닌 나 자신에게 좋은 것 혹은 나쁜 것으로만 존재합니다. 동물의 세계도 그렇습니다. 늑대가 어린 양을 잡아먹는다고 해서 늑대의 행위를 악하다고 하지 않습니다.

좋음과 나쁨의 가치가 노예 도덕에 의해 선과 악의 가치가 되었습니다. 삶에 적대적인 노예 도덕의 승리는 결과적으로 유럽 문명의 퇴보를 가져왔습니다. 강인함을 뽐내던 야생의 세계는 순종하는 가축을 길러내는 동물원이 되었습니다. 노예 도덕의 승리로 유럽을 지배하게 된 기독교 도덕은 유럽인들을 에너지 넘치는 사자에서, 온순한 양으로 길들였다는 것이 니체의 판단입니다.

양심의 기원

산다는 것은 무언가를 한다는 것입니다. 이러한 행위는 도덕이라는 평가 방식에 의해 좋은 행위가 되기도, 나쁜 행위가 되기도 합니다. 행위의 가치는 보통 외부에서 만들어진 규칙이나 다른 사람의 생각으로 평가됩니다. 하지만 자신의 행위를 스스로 평가할 때도 있습니다. 그때 내 안에 있는 도덕의 감정을 우리는 양심이라고 합니다.

'너의 양심에 맡길게', '양심에 걸고 맹세할 수 있어?' 우리는 이런 말을 종종 합니다. 자율 도덕에서 행동을 판단하는 것이 양심이기 때문입니다.

뉴스에서 사람을 잔혹하게 죽이고 아동을 학대했다는 사건들을 보면서 많은 사람들이 요즘 도덕이 무너지고 양심이 타락했다고 한숨 쉽니다. 하지만 인류가 존재하면서 도덕적이고 양심적이었던 시대는 거의 없었습니다. 어른들은 아이들을 보면서 버릇이 없다고 혀를 차지만, 그 어른들이 아이였을 때도 똑같은 말을 들으며 자랐습니다.

끔찍한 범죄나 예의 없는 행동을 비난하는 사람들도 도덕으로 완벽할 수는 없습니다. 모든 인간은 자신의 이익을 가장 우선으로 생각하기 때문입니다. 부모님일지라도 내가 좋아하는 것을 방해하면 욕을 해버리고 싶을 때도 있습니다. 그러나 우리는 어떠한 상황에도 부모님에게 예의를 지켜야 한다는 것을 알고 있습니다. 이것이 양심입니다.

양심은 도덕 행위를 결정하는 개인의 감정입니다. 양심은 자신이 안에서 느끼는 것이기 때문에 모두에게 똑같은 양심이란 존재하지 않습니다. 개개인의 모습이 다르고 성격이 다르듯이 양심도 제 각각 다른 것입니다. 아래에 몇 가지 예를 들어 보겠습니다. 이 경우에 여러분의 양심은 어떻게 하라고 할까요?

학원에 가다가 배가 고파 가게에서 빵을 하나 사 먹었습니다. 가게 할머니가 5천원을 거스름으로 줘야 하는데 5만원을 돌려준 것입니다. 나이 많으신 할머니가 비슷하게 생긴 5천원과 5만원을 혼동하셨나봅니다. 이런 상황에서 여러분의 양심은 어떻게 행동하라고 하나요? 할머니께 돈을 돌려줘야 한다는 걸 모르는 사람은 없습니다. 떳떳이 돌려주는 사람이 있는 반면에 5만원이란 돈 앞에서 자신은 잘못이 없다고 온갖 핑계거리를 찾는 사람이 있습니다.

시험을 볼 때 천재가 아닌 이상 누구나 헷갈리거나 모르는 문제를 만나게 됩니다. 이때 참 답답합니다. 그런데 앞에 앉아 있는 공부 잘하는 친구의 겨드랑이 사이로 답안지가 보일락 말락 합니다. 자세히 보면 그 친구의 답을 볼 수 있습니다. 이 경우에도 우리의 양심은 이리

저리 흔들립니다. 보면 안 되는 걸 알지만 좋은 점수를 받고 싶어 양심은 중간지점에서 끊임없이 흔들립니다.

위 두 경우에 우리가 어떻게 행동해야 하는지에 대한 도덕의 정답은 알고 있습니다. 그러나 실제 행동과 양심은 사람마다 다릅니다. 사람들의 생각과 평가하는 가치가 다르기 때문입니다. 할머니가 잘못한 것이기 때문에 자신의 양심이 흔들릴 필요가 없다고 생각하는 사람도 있을 것이고, 5만원을 돌려주는 것보다 친구들에게 한턱내는 것이 더 가치 있다고 생각하는 사람도 있을 것입니다. 친구의 답안지를 볼 때도 한 두 문제 정도는 문제가 되지 않는다고 생각할 수 있습니다. 양심적인 행동보다 성적이 올라서 기뻐하시는 부모님의 얼굴이 나에게 더 가치 있다고 생각하는 학생은 친구의 답안지를 볼 것입니다.

도덕을 판단하는 내 안의 감정인 양심은 어떻게 생겨났을까요? 이제 니체가 추적한 양심의 기원에 대해 알아보겠습니다.

인간은 망각하는 동물입니다. 살아가는데 망각은 굉장한 힘을 발휘합니다. 기억하는 것만큼 잊어버리는 것도 중요합니다. 망각은 실패와 좌절의 기억을 잊고 새로운 삶과 희망을 갖게 합니다. 만약 인간에게 망각의 능력이 없다면 인간의 수명은 지금보다 훨씬 줄어들 것입니다. 많은 사람들이 미치거나 정신병으로 죽을 것입니다. 인간은 좋은 일보다 나쁜 일을 더 잘 기억하기 때문입니다. 인간에게 잊어버리는 능력이 없다면 머릿속은 온갖 우울하고, 기분 나쁘고, 상처 입고, 무서웠던 기억에 시달릴 것입니다. 일도 제대로 못할 것이고, 불면증으로 괴로운 나날을 보내야 할 것입니다.

'시간이 약이다'란 말이 있습니다. 아무리 괴로운 일도 시간이 지나면 서서히 기억에서 사라진다는 뜻입니다. 흘러가는 시간이 고통의 기억을 치료하는 약이라는 것입니다. 어린이들이 항상 즐거운 이유는 망각의 힘이 기억의 힘보다 강하기 때문입니다. 그래서 아이들에게는 세상 모든 것이 새롭고 신기한 것입니다. 카드 값 걱정, 아이들 교육 걱정을 머리에 달고 사는 어른들과 하루하루가 즐거운 아이들이 다른 세상을 사는 이유 중 하나가 바로 망각의 힘입니다.

망각의 동물인 인간은 반대 능력인 기억하는 능력도 가지고 있습니다. 공동체 생활을 하면 다른 사람들과 약속을 하게 되는데 그것을 지키기 위해 길러진 능력이 기억하는 능력입니다. 약속은 일반적으로 미래에 일어날 행위에 기반을 둡니다. 따라서 앞으로 일어날 일을 예측할 수 있어야 합니다. 인간은 약속을 하게 되면서, 앞날을 예측하고 질서와 규칙을 따르는 존재가 되었습니다. 역사가 발전하고 진보하면서 사람들 간의 약속은 풍습과 도덕이란 이름으로 강제성을 가지게 되었습니다.

이러한 강제성은 망각의 동물에게 기억하는 능력을 강력히 새겨 넣을 필요를 느낍니다. 어떻게 하면 사람들이 확실하게 기억할까요? 그 해답은 끔찍한 고통을 주는 것입니다. 서커스단의 조련사들이 묘기를 부리는 동물을 길들일 때 쓰는 방법과 같습니다. 조련사들은 동물에게 채찍, 막대기, 전기 충격기와 같은 도구로 끊임없이 학대합니다. 반복되는 학대의 고통은 동물들 머릿속에 깊이 박힙니다. 고통이 크면 클수록 망각의 기능은 작동하지 않습니다. 기억 속에 각인된 학대의 고통이 동물로 하여금 묘기를 가능하도록 만드는 것입니다.

상처와 고통이 크면 기억에서 사라지는 시간이 길어집니다. 어릴 적에 너무나 끔찍한 경험을 한 사람이 그것을 평생 잊지 못하는 것과 같습니다.

피와 고문, 형벌이 이러한 잊기 어려운 고통에 해당합니다. 이런 고통을 경험한 사람들은 그 고통을 지우지 못하고 오랫동안 고통의 기억 속에서 살아갑니다. 가혹하면 가혹할수록 뇌에 박히는 기억의 강도는 더욱 강해집니다.

과거엔 끔찍한 형벌들이 많았는데요, 왜 그렇게 끔찍했는지 이제 그 이유를 알 수 있습니다. 사람에게 끔찍한 형벌을 경험하게 하면 도덕을 더욱 강요할 수 있기 때문입니다.

이러한 형벌이 인간에게 풍습과 도덕을 강제하더라도 어느 시대나 자유롭고 독립 의지를 지닌 주권적 인간이 있습니다. 이러한 인간이야말로 자유의지의 주인입니다. 강요하는 도덕에 의문을 품고 자신의 도덕을 만들 수 있는 사람입니다. 이러한 사람은 자신을 기준으로 남을 바라보며 존경하기도, 경멸하기도 합니다. 자신과 동등한 자, 강자, 약속할 수 있는 자를 존경합니다. 이런 사람들은 자신의 강함을 알기 때문에 신뢰할만한 약속으로 모든 사람들의 존경을 받습니다. 주인 도덕을 지닌 자, 강자, 지배하는 자들이 바로 주권적 인간입니다.

주권적 개인들은 자기 스스로 도덕의 가치를 만들어냅니다. 자신이 사회와 집단을 위해 무엇을 하겠다고 약속합니다. 일반적으로 주권적 개인들은 강인하고 자기신뢰가 강하기 때문에 무리의 신뢰를 받습니다. 무리를 이끌고 가야하기 때문에 무리를 외부의 침입자와 위험으로부터 보호해야 합니다. 이것이 약속입니다. 약속에는 큰 책임이 따릅니다. 이때 책임은 주권적 인간의 내면을 지배하는 본능이 됩니다. 주권적 인간은 이렇게 꼭 해야 하는 본능을 바로 양심이라 불렀습니다.

큰 책임이 따르는 약속을 지키겠다고 다짐하는 내면의 본능이 바로 양심의 기원입니다. 양심은 이렇게 주권적이고 자유의지를 가진 자가 가지는 고귀한 것이었습니다.

양심의 가책

주권적 개인의 양심에는 가책이라는 개념이 없습니다. 그러면 양심의 가책은 어떻게 생겨났을까요?

양심의 가책에 대한 기원은 돈을 빌려주고 빌리는 개인과 개인 사이의 부채관계에서 찾을 수 있습니다.

독일어로 죄(Schuld)는 부채(Shulden)에서 유래했습니다. 빚을 지는 사람은 갚아야 하는 의무가 생기고 언제까지 갚겠다는 약속을 해야 합니다. 약속한 빚을 갚지 못하면 그것은 죄가 됩니다. 죄에 대한 대가가 바로 형벌입니다. 형벌은 약속을 지키지 못한 사람에게 가하는 응징입니다. 계약관계는 약속을 이행하지 못한 사람은 고통을 받아야 한다는 것을 규정합니다. 그리고 돈을 빌려준 사람과 빌린 사람 간의 서열을 만듭니다.

이러한 계약관계에서 약속이 이루어집니다. 약속하는 사람에게 중요한 것은 기억하는 능력입니다. 기억하는 능력을 위해 냉혹함과 잔인함이 생기는 것입니다.

빚진 사람은 갚아야 하는 책임을 기억해야 합니다. 빚진 사람은 갚지 못할 경우를 대비해 빚을 갚아야 할 사람에게 자신이 소유한 다른 것을 제공합니다. 이때 제공하는 것은 자신의 자유, 재산, 신체, 아내이며 심지어 자신의 목숨이 되기도 합니다. 이것이 담보입니다. 이런 시스템은 현대에도 동일합니다. 은행은 돈을 빌려주면서 갚지 못할 경우를 대비해 빌리는 사람의 집을 담보로 요구합니다. 돈을 갚지 못하면 집은 은행으로 넘어가게 됩니다.

빌려준 사람은 빌린 사람이 약속을 이행하지 않을 때 직접 형벌을 주고 고문을 할 수 있었습니다. 한 예로 빚을 갚지 못했을 때 빚만큼의 살을 도려낼 수 있었습니다.

셰익스피어의 희곡『베니스의 상인』에 이런 장면이 등장합니다. 베니스의 고리 대금업자 샤일록은 베니스 상인 안토니오에게 돈을 빌려주면서 갚지 못할 경우 1파운드의 살을 베어내는 조건을 요구합니다.

죄, 양심의 가책, 형벌과 같은 도덕 개념의 기원은 빌려주고 빌리는 채권과 채무 관계에서 시작된 것입니다.

국가와 개인 사이에도 채권 · 채무의 계약관계가 성립합니다. 국가는 채권자가 되고 국민은 채무자가 됩니다. 국가는 외부의 위험과 재해로부터 국민들을 보호합니다. 국민들은 국가라는 우산의 보호를 받으면서 빚을 지고 있는 것입니다. 빚지고 있는 국민은 국가의 규칙과 의무를 이행하면서 빚을 갚습니다. 국가는 규칙과 의무를 이행하지 않는 사람에 대해 계약을 파기한 범죄자로 간주하여 보복을 합니다. 이것이 형벌입니다.

채권 · 채무관계는 조상과의 관계에도 적용할 수 있습니다. 조상에 대해 빚지고 있다는 생각은 아주 오래 전부터 현대사회에까지 존재하고 있습니다. 많은 사람들은 현재 우리가 잘 사는 것이 조상 덕분이라고 생각합니다. 그래서 조상을 모시는 행위를 경건하고 신성하게 생각합니다. 조상을 잘 모셔야만 자손들이 혜택과 은공을 받을 수 있다고 믿습니다. 명절에 맛있는 음식들을 정성스레 대접하고 조상 묘의 잡초를 제거하는 것은 조상께 진 빚을 갚아가는 과정입니다. 조상의 빚을 열심히 갚아야만 가족의 불행을 막을 수 있다고 믿는 것입니다. 빚을 갚지 못하면, 즉 조상을 잘 모시지 않으면 가족이 예상치 못한 사고를 당하거나 자연 재해를 입을 수 있다고 생각했습니다. 이것이 조상이 내리는 형벌입니다.

채권 · 채무관계를 절대 개념으로 만들어 신성한 것으로 이용한 집단이 성직자입니다. 성직자는 인간을 영원한 빚쟁이로 만들었습니다. 인간은 죽을 때까지 빚을 갚아야 하는 신세가 된 것입니다. 누구에게 갚아야 할까요? 바로 신입니다. 성직자에 의하면 신은 세상을 만든 창조주이자 인간의 원죄를 대신 짊어진 희생자입니다. 태어나면서부터 신에게 빚지고 있는 인간들은 신에 대한 영원한 사랑과 자기희생으로만 빚을 갚아 나갈 수 있는 것입니다. 하늘에 계신 신이 지상에 다시 내려올 때 비로소 신의 은총을 받아 빚을 탕감 받는 것입니다. 그래서 인간은 신에게 빚을 갚기 위해 신에 대한 믿음과 순종, 금욕 생활을 무조건 실천해야 했습니다.

인간은 신에게 영원히 빚을 갚아야 하는 빚쟁이이자 죄인이 되었기에 신에 대해 늘 죄의식을 안고 살아야 했고, 빚을 갚기 위해 신의 규율을 따르며 자신의 본성을 억제하고 자신을 부정해야 했습니다.

니체는 이러한 신에 대한 죄의식으로 인간이 마음의 병에 걸렸다고 했습니다. 신에 대한 죄를 알기 시작하면서 자유로운 인간의 본능은 양심의 가책이라는 울타리 안에 갇혀버렸습니다. 이것은 드넓은 바다에서 맘껏 헤엄쳐 다니던 바다 생물이 육지로 올라와 적응해야 하는 정신적 상처와 맞먹는 것입니다. 양심의 가책이 인간 본능의 가치를 무력화시키고, 마음에 치명적인 병을 안겨준 것입니다.

인간은 거친 벌판을 자유롭게 뛰어다니는 야성과, 새로운 세계를 찾아 나서는 모험의 본능을 지니고 있습니다. 하지만 인간은 이제 본능을 억제하고, 생각하고, 예측하고, 추리하는 인간으로 변했습니다. 밖으로 해소하지 못한 본능은 이제 안으로만 향해야 했습니다. 이것이 니체가 말하는 내면화입니다.

들판과 산길을 자유롭고 거침없이 유랑하던 인간은 거대하고 신성한 집단이 만들어놓은 규율과 규칙의 거대한 벽에 막혀 밖으로 표출해야 할 본능을 자신의 내면으로 돌려야 했습니다. 적의, 잔인함, 박해, 기습, 변혁 및 파괴의 본능들은 형벌을 피하기 위해 밖이 아닌 안으로 향했습니다. 이것이 바로 양심의 가책의 기원입니다.

인간은 이제 동물적 본능과 힘을 자제하며 살아야 합니다. 펄떡이던 심장 소리는 가늘어졌으며, 뛰어나가려는 질주 본능은 사라졌습니다. 밖으로 발산하려는 본능과 안으로 억제하려는 양심의 가책이 충돌하면서 인간은 자기 자신에게 끊임없이 시달리는 마음의 병을 갖게 되었습니다.

외부로 자연스럽게 표출해야 할 본능의 출구가 막혀버리자 그 대안으로 생각한 것이 양심의 가책입니다. 양심의 가책은 인류가 영원히 치유하지 못하는 병, 즉 자기 자신에 대해 괴로워하는 병입니다.

양심의 가책으로 영원히 고통 받는 인간은 종교의 가르침을 받아들이고 그 가르침에 집착하게 됩니다. 동물적인 본능은 타락이라 가르침을 받으며 자신을 더욱 학대하고 심판했습니다. 이러한 금욕 생활만이 신으로부터 구원받을 수 있는 유일한 길이라고 믿었기 때문입니다.

니체가 역사상 가장 명랑하고 긍정적인 삶을 살았다고 평가하는 고대 그리스인들은 신을 다르게 이용했습니다. 그리스인들은 인간의 고귀한 모습과 동물의 본능을 신격화하면서 신의 모습이 인간의 모습과 다르지 않다고 생각했습니다. 신들을 이용하여 자신들에게 양심의 가책이 접근하지 못하도록 차단했던 것입니다. 또한 인간이 저지른 만행과 악행을 볼 때마다 그리스인들은 신이 장난치는 일이라고 여기며 인간 편을 들었습니다.

무엇보다 소중한 나의 가치

니체는 삶을 이야기합니다. 니체가 말하는 삶은 병약하고 왜소한 삶이 아닌 건강한 삶, 힘을 향한 의지가 가득한 삶입니다. 인간은 공동체의 구성원이기 이전에 본능과 욕구를 지닌 동물입니다. 서양을 지배한 절대 도덕이 요구하는 자기희생, 금욕, 동정, 이웃 사랑은 인간의 본능과 반대되는 것들입니다. 그래서 절대 도덕은 인간을 병들게 만들었습니다. 영원히 치료할 수 없는 양심의 가책이라는 불치병을 주었습니다.

'선한 인간이 되어야 한다, 무리 동물이 되어야 한다, 호의적이어야 한다, 아름다운 영혼이 되어야 한다, 나보다 다른 사람을 먼저 생각해야 한다, 이웃을 사랑하라' 같이 강요된 도덕 가치들이 인간의 위대한 특수성을 약화시키고 인류를 허약하게 한 주인공들입니다.

도덕에 대한 니체의 비판은 자칫 니체가 도덕의 가치들을 무시하는 것처럼 보일 수도 있습니다. 그러나 니체가 비판한 도덕은 삶에 적대적인 도덕입니다.

인간이 집단에서 생활하는 한 도덕은 필요합니다. 도덕 가치들은 사회와 인간관계를 원만하게 유지해줍니다. 공중도덕, 배려, 양보, 존중, 정직, 약속 모두 소중한 도덕입니다.

하지만 니체가 우려했듯이 도덕 가치가 내 삶을 방해한다면 그 도덕에 대해서는 의심을 해봐야 합니다. 무엇이 진정 나에게 선한 것인지 생각해야 합니다. 도덕의 가치를 위해서 자신의 가치를 희생하는 것처럼 어리석은 일은 없습니다. 다른 사람을 배려하고, 동정하고 아픈 사람의 고민을 잘 들어주는 사람이 정작 자신의 마음은 돌보지 못하는 것처럼 말입니다.

우리 모두가 선한 사람이 될 필요는 없습니다. 선한 사람이 되기 위해서 자신의 욕구를 숨기고 남의 눈치를 보는 사람은 자신의 본능과 감정을 속이는 것입니다.

인간은 모두 이기주의자입니다. 자신의 이익을 최우선으로 생각합니다. 남을 배려하는 행동의 본질에도 나에게 돌아올 이익이 전제되어 있습니다. 자신의 이익보다 회사의 이익이 우선이라는 말은 자신을 학대하는 것과 같습니다.

국가와 사회는 도덕이라는 무기로 개인의 희생을 강요합니다. 국가가 있어야 개인의 삶도 있다고 합니다. 국민에게 도덕을 강요하는 권력자들은 도덕을 잘 지키나요? 국회의원들은 선거철에만 국민을 위하는 척하다가 선거가 끝나면 자신의 이익을 위해 치열하게 싸우는 본연의 모습으로 돌아갑니다. 장관이 되려는 국가 지도자들은 하나같이 도덕과는 거리가 먼 사람인 것처럼 보입니다. 가장 양심적이어야 하는 판사와 검사를 국민들은 더 이상 신뢰하지 않습니다.

사회 지도층이 비도덕적이라고 일반 국민들도 그렇게 살아야 한다는 것은 아닙니다. 국민에게 도덕을 강요하는 위치에 있는 그들도 결국은 자신의 이익을 최우선으로 생각하는 똑같은 인간입니다. 국가, 사회 집단이 강요하는 너무나 많은 도덕에 자신의 가치를 희생할 필요가 없다는 말입니다.

타인에 의해 강요된 도덕이 아닌 자신에 의한, 자신을 위한 도덕을 만들어야 합니다.

도덕의 이기주의자가 되는 것입니다. 도덕의 기준을 밖이 아닌 내 속에서 찾으며 나를 기준으로 하는 것입니다. '무엇이 나에게 가장 중요한 것인가', '내가 진정으로 원하는 것이 무엇인가'를 먼저 생각해야 합니다. 모두가 학교를 다녀야 한다고 생각하지만, 학교가 나의 삶을 저해하고 병들게 한다면 니체는 당장 자퇴하라고 조언할 것입니다. 학교생활을 계속 유지하는 것과 자퇴하는 것 중에 나에게 더 가치 있는 것이 무엇인가를 내가 판단하고 결정할 때 그 선택은 진정 내 것이 됩니다.

여기서 간과해서는 안 될 것이 있습니다. 자신의 가치가 소중한 만큼 다른 사람의 가치도 존중해야 합니다. 자신의 이익을 위해서 다른 사람의 가치를 훼손한다면 그것은 이미 도덕으로서의 가치를 잃은 것입니다.

도덕의 목적은 안전하고 건강한 사회와 집단을 만드는 것입니다.

진정으로 건강한 사회가 되기 위해서는 구성원 각자가 자신의 가치를 스스로 판단할 수 있어야 합니다.

역사에서 강하고 고귀한 사람들의 도덕은 타인의 시선이 아닌 자신의 판단을 기준으로 삼았다는 것을 기억할 필요가 있습니다. 앞에서 말한 주인 도덕을 지닌 사람이 바로 그런 사람입니다.

국가와 사회에서 도덕을 무시할 수는 없습니다. 그래서 합리적인 지점을 찾아야 하는 것입니다. 현명한 인간은 타인의 도덕을 훼손하지 않는 범위 내에서 자신의 이익에 최고의 가치를 부여하는 사람입니다. 타인의 강요에 의한 도덕, 남에게 보여주기 위한 도덕이 아닌 자율적인 사고를 통한 자신만의 도덕이 가치 있는 것입니다. 자신을 희생하는 도덕은 자신의 가치를 훼손하고 인간의 창조성, 강인함과 명랑함을 저해할 뿐입니다. 나 자신의 가치가 수많은 도덕의 가치보다 더 소중하다는 것을 항상 기억해야 합니다.

★ 생각이 자라는 질문 ★

01 살면서 나에게 던져야 할 가장 중요한 질문은 무엇일까요? 아마 아래 두 가지가 아닐까요? 다음 질문에 대한 각자의 대답과 결과를 찾아보세요.

- 나에게 가장 소중한 것이 무엇일까?
- 나는 지금 내가 원하는 것을 하고 있는 걸까?

02 절대 가치와 절대 진리가 없는 세상에서 내가 추구해야 할 진짜 가치는 무엇일까요? 다른 사람이 강요하는 것이 아닌 내가 진정으로 원하는 것을 찾아보세요.

초인이
등장하다

1

초인의 탄생

초인은 새로운 신이다

니체는 인간을 병들게 하고 나약하게 만든 서양의 절대 가치와 절대 도덕을 의심하고 재평가했습니다. 세상을 지배하는 가치들을 우상으로 규정하고 망치를 들고 그것들을 파괴했습니다. 지배적 가치 중심에는 이성을 중시하는 서양 철학의 전통이 있었습니다.

소크라테스와 플라톤에서 시작된 이성중심 사상은 세상을 둘로 나누었습니다. 플라톤은 우리가 살고 있는 세계를 언젠가는 소멸할 불완전한 가상 세계로 폄하했습니다. 그리고 이성에 의해 도달할 수 있는 영원한 세계를 참된 세계, 즉 이데아라고 했습니다. 이러한 개념은 로마에 승리하고 세상의 종교가 된 기독교에 영향을 주었습니다.

기독교는 세상을 지상 세계와 하늘 세계로 나누고, 하늘 세계만이 영원하고 사라지지 않는 진정한 세계라고 규정하였습니다. 또한 기독교는 신의 율법을 절대 도덕으로 삼아 인간의 행동을 선과 악으로 구분하였습니다.

이러한 서양의 전통 가치는 절대라는 이름으로 강인한 인간을 나약하게 만들었습니다.

신의 죽음으로 상징되는 절대 가치의 붕괴는 위기이자 기회였습니다. 인간에게 삶의 의미와 방향을 제시했던 가치의 상실은 세상에 허무주의를 주었습니다. 반면 인간의 정신과 행동을 옥죄던 가치의 파괴는 자신의 가치를 창조할 수 있는 해방의 기쁨이 되기도 했습니다.

외부에서 주어진 가치를 상실한 세계에서 인간은 허무주의의 운명을 받아들이든지 허무주의를 극복하여 자신의 가치를 창조하든지 둘 중 하나를 선택해야 했습니다.

니체는 지배 가치가 붕괴한 세상에서 자신을 극복하고 새로운 가치를 창조하는 인간을 가르치기 시작했습니다. 극복하는 인간, 새로운 가치를 창조하는 인간, 바로 초인입니다. 초인은 인간이 성취할 수 있는 최고 수준의 인간 유형입니다.

초인은 자신의 한계를 끊임없이 극복하는 인간입니다. 자신 앞에 놓인 수많은 저항들을 이겨내는 강인한 인간입니다. 외부에서 강요하는 가치에 의지하지 않고 자신의 가치를 창조할 수 있는 주체적 인간입니다. 무리에 휩쓸리지 않고 자신의 길을 가는 고독한 인간입니다. 자신의 내면에 있는 악마와 싸우는 용기 있는 인간입니다. 어떠한 삶도 받아들일 수 있는 긍정의 인간입니다. 자유를 위해 먼 길을 떠날 수 있는 방랑자입니다. 삶을 가볍게 느끼며 웃고 춤추는 인간입니다.

신이 없는 세상에서 니체가 가르치는 교훈은 자기 자신이 신이 되라는 것입니다. 나의 가치를 창조하는 새로운 신이 초인입니다. 내가 스스로 나 자신의 가치를 만들 때 나는 내 삶의 신이 되는 것입니다. 예전에 신은 오직 단 하나였습니다. 이제 모든 사람이 자신의 신이 될 수 있습니다. 우리 모두는 초인이 될 수 있습니다. 자신을 극복하고 자신의 삶을 사는 사람이 바로 내 삶의 신이며 초인입니다.

2

초인은 누구인가?

초인은 극복하는 인간이다

니체가 자신의 책 중에서 가장 뛰어나다고 했던 『차라투스트라는 이렇게 말했다』는 10년 동안 산속에서 고독하게 마음을 갈고 닦은 차라투스트라가 인간 세상에 내려가는 것으로 시작합니다. 사람들을 만나서 처음으로 외친 말이 초인입니다. 초인은 독일어로 '위버멘쉬'입니다. 넘어서는 인간, 극복하는 인간이라는 의미입니다.

니체는 차라투스트라를 자신의 분신으로 만들어 그의 입으로 대중들에게 핵심 사상을 알립니다. 그 책이 『차라투스트라는 이렇게 말했다』입니다. 『차라투스트라는 이렇게 말했다』 속에서 차라투스트라가 하는 이야기는 니체의 이야기라고 보면 됩니다. 이제 차라투스트라가 궁금해집니다. 초인, 힘의 의지, 영원회귀 같은 니체의 핵심 사상을 가르치는 차라투스트라는 누구이며, 왜 니체가 그를 자신의 분신으로 선택했을까요?

차라투스트라는 고대 페르시아 종교인 조로아스터교의 창시자입니다. 차라투스트라는 조로아스터의 독일식 이름으로 '낙타를 잘 다루는 사람'이라는 뜻입니다.

니체는 자신의 철학을 전달하는 분신으로 왜 차라투스트라를 선택했는지 구체적인 이유를 남기지 않았습니다. 하지만 어느 정도 추측은 가능합니다.

니체는 『이 사람을 보라』에서 차라투스트라를 아래와 같이 설명하고 있습니다.

"차라투스트라는 가장 숙명적인 액운인 도덕이라는 오류를 창조해냈으며, 따라서 그는 그 오류를 인식한 최초의 사람이지 않으면 안 된다. 그가 도덕에 대해서 그 어떤 사상가보다 더 오래 그리고 더 많이 경험했다는 것뿐만 아니라, 더 중요한 것은 그가 어떤 사상가보다 더 진실하다는 것이다. 그의 가르침만이 이 진실성을 최고의 덕으로 삼았다. 즉 실재성 앞에서 도피하는 이상주의자들의 비겁과 반대되는 것이다.

진실성에서 나오는 도덕의 자기 극복, 도덕주의자들의 자기의 대립물로의 자기극복 ─ 내 안의 자기극복. 이것이 내 입에서 나온 차라투스트라는 이름이 의미하는 바이다."

차라투스트라는 도덕의 오류를 최초로 인식한 사상가이고 종교 지도자였습니다. 인간에게 진실하지 못한 도덕을 혐오했던 니체가 도덕의 자기 극복을 주장했던 차라투스트라에게 다른 고대 지도자들보다 더 매력을 느낀 것은 분명해 보입니다. 바로 이것이 차라투스트라를 자신의 분신으로 삼은 가장 큰 이유라고 할 수 있습니다.

서른 살에 고향을 떠나 산속으로 들어간 차라투스트라에게 어느 날 심경의 변화가 일어났습니다. 10년의 세월 동안 고독 속에서 깨달은 지혜를 인간들에게 전하기 위해 산을 내려가기로 결심한 것입니다. 차라투스트라는 그렇게 사람들 속으로 들어갔습니다.

처음 간 곳은 시장이었습니다. 줄타기 광대의 공연을 기다리며 사람들이 몰려 있었습니다. 시장은 사람들이 모이고 즐거운 오락이 있는 곳입니다. 돈을 벌기도 하고 돈을 쓰기도 하는 곳입니다. 그곳은 우리가 사는 세상입니다. 시장에 있는 사람들은 돈의 가치와 이익을 가장 중요시하고, 무료한 삶을 달래기 위해 줄타기 공연 같은 오락을 즐깁니다. 산에서 내려온 차라투스트라가 시장에 모인 사람들에게 처음으로 자신의 지혜를 나눠주려 했습니다.

"그대들에게 '초인'을 가르치려 하노라. 인간은 극복되어야 할 무엇이다. 그대들은 자신을 극복하기 위하여 무엇을 했는가?

지금까지 모든 존재는 자신을 넘어서 그 무엇인가를 창조해왔다. 그런데도 그대들은 이 거대한 밀물의 한가운데서 썰물이 되기를,

차라투스트라가 사람들에게 처음으로 전한 지혜는 초인이었습니다. 인간은 극복하는 존재입니다. 모든 존재는 자신을 넘어 자신의 가치를 창조하는 자입니다. 하지만 세상 사람들은 극복하기보다 현재의 안정을 더 원합니다.

자신을 극복한다는 것은 자신 앞에 놓인 수많은 도전과 저항을 이겨낸다는 것입니다. 세상이 요구하는 길이 아닌 자신의 길을 가는 것, 남의 시선을 의식하지 않고 자신의 모습으로 사는 것, 낡고 오래된 습관을 고치는 것, 불가능해 보이는 곡을 연주하는 것, 오르지 못할 것 같은 높은 산에 올라가는 것, 꿈에서만 가능한 점수를 받는 것처럼 살면서 극복해야 할 것은 너무나 많습니다. 그러나 그 극복을 방해하는 가장 큰 적은 항상 가장 가까운 곳에 있습니다. 바로 자기 자신입니다. 우리는 저항과 직면할 때 핑계거리를 찾고 나 자신과 타협합니다. 자신과의 타협은 극복을 가능하게 하는 용기를 약하게 하여 도전보다는 안전을 선택하게 만듭니다.

새해 목표가 매번 삼일 만에 끝나는 것처럼 나 자신을 극복한다는 것이 얼마나 힘들고 고통스러운지 우리 모두 잘 압니다. 그러나 인간은 극복을 통해 성장하고 자신의 가치를 창조할 수 있습니다. 자신의 한계를 극복한 선수가 올림픽에서 메달을 딸 수 있는 것처럼 말입니다.

자신을 극복하기 위해서는 자신으로 살아갈 수 있는 용기가 있어야 합니다. 사람들은 개개인의 독특한 개성과 특징이 있습니다. 생김새도 다르고 좋아하는 것, 하고 싶은 것도 다릅니다. 자기가 좋아하는 것을 하면서 살아간다면 이 세상이 얼마나 행복하겠습니까?

우리가 살아가는 모습은 전혀 그렇지 못합니다. 많은 사람들이 자신의 의지와 상관없이 세상이 만들어놓은 가치의 틀 속에서 살아가고 있습니다. 그것을 벗어나기란 참으로 어렵습니다. 나와 어울리지 않는 틀에서 살아가니 사는 게 즐겁지 않습니다. 하지만 세상은 그 틀 안에서 살아가는 사람들을 칭찬하고 격려합니다. 그래서 모두가 같은 것을 배우고 같은 행동을 하는 것입니다. 틀에서 벗어나려는 시도나 행동은 종종 세상의 흐름을 읽지 못하는 자, 사회에 적응하지 못하는 자로 평가해 버립니다. 그런 이유로 초등학생부터 어른까지 모두가 세상이 강요하는 인간상에 맞춰 살아가고 있는 것입니다.

이런 사회 분위기에서 자신의 모습으로 살아가는 것은 너무 위험합니다. 그래서 사람들은 점점 내가 좋아하는 것이 무엇인지, 내가 원하는 것이 무엇인지, 나에게 가장 가치 있는 것이 무엇인지 조차 잃어버렸습니다. 외부의 기준으로 만들어낸 가면을 쓴 내 모습을 진짜 나로 착각하게 되는 것입니다. 모든 사람들은 자기만의 가면을 쓰고 있습니다.

여자들이 화장을 하며 자신을 더 예쁘게 가꾸듯이, 사람들도 사회에 보여주기 위한 가면을 누구나 쓰고 살아갑니다. 어느 학교 학생,

누구의 아빠·엄마, 회사의 대표, 작가, 축구 선수 같이 외부에서 보는 나의 모습이 곧 가면입니다. 가면의 모습은 언제든 바뀔 수 있지만 진짜 나는 바뀌지 않습니다. 학생이 학교를 그만둔다고 '나'가 바뀌는 것은 아닙니다. 가면의 역할에만 너무 집착하면 진정한 내 모습을 잃고 점점 가면 뒤에 숨게 됩니다. 무리수를 두는 경우도 생깁니다. 회사와 사회에서 인정받는 사람이 더 좋은 결과를 내기 위해 불법을 저지르는 것을 종종 볼 수 있습니다. 사회에서 보는 나의 모습, 즉 가면의 모습에만 너무 매달린 결과입니다. 자신의 SNS에 합성 사진을 올리고 진짜인 것처럼 자랑하는 것도 비슷한 이유입니다. 모두 가짜 인생을 살고 있는 것입니다.

또한 우리 사회는 그리스 신화에 나오는 프로크루스테스 침대와 다르지 않습니다. 프로크루스테스는 아테네 외곽에 살면서 지나가는 사람들에게 돈을 빼앗는 강도입니다. 그는 집 앞을 지나가는 나그네를 붙잡아 자신의 침대에 눕힙니다. 나그네의 키는 침대 길이와 딱 맞아야 합니다. 침대보다 크거나 작으면 나그네는 죽게 됩니다. 프로크루스테스는 붙잡은 나그네의 키가 침대보다 크면 다리를 잘라서 죽이고, 침대보다 작으면 늘려서 죽이기 때문입니다.

나의 삶이 프로크루스테스의 침대에 누운 나그네의 모습은 아닌지 생각해봐야 합니다. 다른 사람이 내 삶을 늘렸다 줄였다 하는 것은 아닌지 진지하게 고민해야 합니다. 내 의지대로 살지 못하는 삶은 절름발이 인생입니다. 특히 우리나라 부모들은 어릴 때부터 아이들을 철저하게 길들입니다. 그래서 어린이건 청소년이건 자신만의 시간과 놀이를 갖지 못하고 책상에서 대부분의 시간을 보냅니다. 성적은 여러 가지 재능 중 하나일 뿐이라고 모두 알고 있으면서도 성적에 모든 가치를 부여하고 있는 현실입니다. 대학만을 목표로 달려온 학생들은 대학을 졸업하고 어른이 돼도 내가 무엇을 해야 하는지, 무엇을 좋아하는지 모르는 경우가 많습니다. 그냥 대다수의 사람들이 가는 길을 쫓아가는 것입니다. 우리는 각자 다르게 생기고 다른 환경 속에서 살아가는데 왜 추구하는 삶은 같아야 한다고 생각하는 걸까요?

세상이 남과 다른 삶을 인정하지 않기 때문입니다. 학교를 자퇴하거나 회사를 그만두면 우선 그들을 바라보는 세상의 시선이 달라집니다. 사회에 적응하지 못하는 사람이라고 보는 것입니다. 그 사람들이 진정 용기 있고 자신의 가치를 창조할 수 있는 사람일지도 모르는데 말입니다. 가치의 기준을 나 자신의 바깥에서 찾으며, 다른 사람을 따라가는 인생에서는 어떠한 창조도 일어나지 않습니다. 고독과 위험을 두려워하지 않고, 찬바람이 부는 들판으로 기꺼이 나갈 수 있는 사람이 자신의 가치를 창조하고 자신의 삶을 개척할 수 있습니다. 이것이 바로 초인의 모습입니다.

세상의 틀에 맞춰 살면 익숙하고 편하고 안전합니다. 많은 사람들이 옳다고 하는 것을 추구하는 것은 덜 위험합니다. 그래서 안전을 추구하는 인간의 본능은 다수의 의견을 믿고 따르게 만듭니다. 홀로 가는 것보다 무리와 함께하는 것을 더 좋아하죠. 그러나 세상의 틀에 맞취가며 무리 속에서 살아가는 것은 타인과 사회를 위한 삶입니다. 삶의 기준이 내가 아닌 타인이나 바깥에 있기 때문입니다. 이 사람 얘기를 들으면 이리 가야 할 것 같고, 저 사람 얘기를 들으면 저리 가야 할 것 같습니다. 갈팡질팡하는 삶인 것입니다.

이러한 세상에 사는 우리들에게 차라투스트라는 질문합니다. '그대들은 자신을 극복하기 위해 무엇을 했는가?'

초인은 대지에 충실하다

광대의 줄타기 공연에 더 관심이 있는 시장의 군중은 차라투스트라의 외침에 별로 관심을 두지 않았습니다. 그런데도 차라투스트라는 계속 초인을 애기합니다.

"초인은 대지의 뜻이다. 그대들의 의지로 하여금 말하게 하라, 초인이 이 대지의 뜻이 되어야 한다고! 형제들이여 간곡히 바라노니 대지에 충실하라." 그리고 하늘나라에 대한 희망을 바라는 자들을 믿지 말라! 그들은 스스로 알든 모르든 독을 타서 퍼트리는 자들이다. 그들은 삶을 경멸하며 말라 죽어가고 스스로 중독된 자들로, 대지는 이들에게 지쳐버렸다. 그러니 그들은 죽든 말든 내버려 두라!

지난날에는 신에 대한 모독이 가장 큰 모독이었다. 그러나 신이 죽었으므로, 신에 대한 모독을 저지른 자들도 함께 죽었다. 이제 가장 무서운 것은 대지를 모독하고, 탐구할 수도 없는 저 뱃속을 대지

초인은 대지에 충실한 인간입니다. 신이 절대 가치인 세상에서는 하늘 세계가 참된 세계였습니다. 신이라는 지배적 가치가 붕괴하면서 하늘 세계는 허구가 되었습니다. 초인에게 진정한 세계는 그동안 불완전한 세계로 무시되었던 대지의 세계입니다. 대지의 세계는 우리가 지금 살고 있는 현실 세계입니다. 하늘에 기도하는 것보다, 지금에 충실한 것이 더 가치 있는 것이 되었습니다.

신을 대신한다는 성직자들은 하늘의 축복과 구원을 위해 본능을 억제하고 대지의 즐거움을 포기할 것을 인간들에게 가르쳤습니다. 니체는 하늘의 희망을 얘기하는 자들을 더 이상 믿지 말라고 합니다. 그들은 독을 퍼뜨리는 자들이고, 인간을 부정하고 대지에 반하는 인간이기 때문입니다.

초인은 오랫동안 인간을 세뇌했던 하늘 세계에 대한 믿음을 거부하고, 우리가 밟고 사는 실재 세상만을 인정합니다. 신의 세상에서는 신을 모독하는 것이 가장 큰 죄였지만, 초인의 세상에서는 현실의 삶을 모욕하는 것이 가장 큰 죄입니다.

하늘 세계는 알 수 없는 세계입니다. 볼 수도, 경험할 수도 없습니다. 그에 반해 대지의 세계는 내가 지금 살고 있는 세계입니다. 내가 보고 경험하고 지금 살아가는 세상만이 진짜 세상이 되는 것입니다.

세상이 진리라고 가르치는 것, 가치라고 강요하는 것을 자신의 생각이나 판단 없이 따르는 것은 남이 탄 독약을 먹는 것과 같다고 니체는 말했습니다.

어느 시대나 대부분의 사람들은 남이 탄 독을 먹으면서 살아갑니다. 어떤 사람들은 그것을 만병통치약으로 찬양하고, 어떤 사람들은 거부할 용기를 내지 못합니다. 소수의 사람들만이 그것을 물리칩니다. 중학생에겐 특목고, 고등학생에겐 명문대, 대학생에겐 대기업, 어른들에겐 더 많은 돈, 여자들에겐 외모, 남자들에겐 능력 이런 모든 것들이 요즘 세상이 요구하는 가치들입니다.

세상을 지배하는 가치가 나의 가치와 일치하지 않을 때 삶은 무기력해지고 삶을 싫어하게 됩니다. 가치 판단의 주인은 나여야만 합니다. 다수가 옳다 하더라도 아니라고 대답할 수 있는 사람이 자신의 삶을 만들 수 있습니다.

21세기 최첨단 시대를 사는 우리는 돈으로 상징되는 물질 가치에 절대 믿음을 갖습니다. 그것만이 인간을 풍요롭게 하고, 모든 고통과 고민을 치유할 수 있다고 믿습니다. 물질 가치에 대한 과도한 집착은 내면의 행복과 자신의 가치를 병들게 합니다. 공부를 잘해야 돈을 잘 벌 수 있고, 돈을 잘 벌어야 잘생기고 예쁜 배우자를 얻을 수 있다고 얘기합니다. 모두가 똑같은 가치만을 추구하다보니 경쟁은 더욱 심해지고 감정은 메말라갑니다. 물질 가치는 여러 소중한 가치들 중 하나일 뿐입니다.

니체가 말한 초인은 세상이 강요하는 가치가 아닌 자신의 가치를 만들 수 있는 인간입니다. 자신의 가치를 창조하기 위해서는 파괴자가 되어야 합니다. 낡은 가치, 낡은 습관을 파괴하면서 자신을 극복하고 새로운 것을 창조하는 것입니다.

그래서 차라투스트라는 사람들이 체험할 수 있는 것 중에 가장 위대한 것을 '경멸의 순간'이라고 했습니다.

우유부단함, 무지함, 안 좋은 습관, 맹목적 믿음, 세속 가치의 추구, 남의 길을 따라가는 것, 두려움 등을 경멸할 때 위대한 창조의 가능성이 만들어집니다.

현대인들이 추구하는 행복, 합리적 판단을 가능하게 하는 이성, 아름다운 세상을 위한 덕과 같이 소중하다고 생각되는 것들조차 경멸할 수 있는 순간을 경험해야 새로운 창조의 가능성이 열립니다.

낡은 모습과 외부의 가치를 경멸할 때 몰락과 파괴가 일어납니다. 그래야만 극복과 창조를 할 수 있습니다. 평범함 속에서는 어떠한 극복도 일어나지 않습니다. 썩은 것을 완전히 파괴하고 미친놈이라는 소리를 들을 정도의 열정을 발휘할 때에만 재탄생할 수 있습니다. 새로운 집을 짓기 위해서는 낡은 집을 완전히 허물어야 하는 것처럼 말입니다. 그래서 초인은 낡은 것에 내리치는 번갯불이며 미친 사람 같은 열정을 지닌 인간입니다.

3

현대인이 추구하는 가치

초인과 반대되는 말종 인간

차라투스트라는 시장의 군중에게 초인을 가르쳤지만 어느 누구도 귀담아 듣지 않았습니다. 군중은 스스로 교양을 가진 사람이라고 생각했기 때문에 경멸, 몰락, 파괴라는 단어를 싫어했습니다.

차라투스트라는 경멸을 꺼려하는 군중에게 가장 경멸스러운 인간에 대해 얘기합니다. 바로 초인과 반대되는 말종 인간입니다.

초인은 극복하는 인간입니다. 외부의 가치를 파괴하며 자신의 가치를 창조하는 인간입니다. 낡은 것을 추구하는 자신을 경멸할 줄 아는 인간입니다. 현실이라는 벽과 싸우며 계속 성장하는 인간입니다.

말종 인간은 초인과 반대되는 인간의 모습입니다. 차라투스트라는 말종 인간을 동물, 원숭이, 독충, 파리, 벼룩으로 묘사합니다. 니체에게 극복하지 못하는 인간은 동물이자 초인의 의지를 방해하는 벌레들입니다. 말종 인간이 어떤 모습으로 살고 있기에 차라투스트라가 이렇게 천박하게 취급했을까요?

차라투스트라가 묘사한 말종 인간은 아래와 같은 인간입니다. 지금 나의 모습과 비슷한지 아니면 다른지 비교해보면 흥미롭습니다.

"이 종족은 벼룩과 같아서 근절되지 않는다. 말종 인간은 가장 오래 사는 것이다. 우리는 행복을 찾아냈다. 말종 인간들은 이렇게 말하며 눈을 깜박거린다. 그들은 살기 어려운 지방을 떠났다. 온기가 필요해서였다. 게다가 이웃을 사랑하며 이웃사람과 몸을 비비고 있다. 온기가 필요해서다.

그들은 조심조심 걸어 다닌다. 돌이나 인간에게 걸려 비틀거리는 자는 바보일 뿐이다."

말종 인간은 어디에서나 볼 수 있는 흔한 사람들입니다. 반대로 낡은 가치를 파괴하고 새로운 가치를 창조하는 사람들은 아주 소수의 사람들입니다. 흔하디흔한 말종 인간은 그 소수의 사람들이 만들어놓은 역사 위에 살아가고 있는 것입니다.

말종 인간은 항상 행복을 얘기합니다. 행복을 위해서 편하고 안전한 곳을 선호합니다. 위험하거나 추운 곳을 떠나 따뜻한 곳을 찾아가며, 사람들 속에 있을 때 안정감을 느낍니다.

또 말종 인간은 실수와 실패를 두려워하기 때문에 항상 조심해서 걸어 다닙니다. 하지만 도약과 성장하기 위해서는 실수와 실패가 뒤따르기 마련입니다. 실수와 실패를 한다는 것은 어떤 시도를 했다는 것을 의미합니다. 아무것도 하지 않는 사람은 실수도 실패도 하지 않습니다.

말종 인간은 새로운 시도를 하지 않는 인간입니다. 넘어지는 것이 위험기도 하고 두렵기 때문입니다. 아무것도 하지 않는 것이 인생의 가장 큰 실수이자 실패가 될 수 있다는 것을 모르는 사람들입니다.

차라투스트라는 말종 인간에 대해 계속 애기합니다.

"그들은 여전히 일한다. 일 자체가 일종의 소일거리이기 때문이다. 하지만 소일거리 때문에 몸을 상하는 것이 없도록 조심한다.

그들은 가난해지지도 부유해지지도 못한다. 둘 다 너무 성가시기 때문이다. 다스리려 하는 자가 있는가? 순종하는 자가 있는가? 둘 다 너무 성가신 것이다.

모두가 평등을 원하고 모두가 평등하다. 자기가 특별히 다르다고 느끼는 자는 제 발로 정신병원으로 가기 마련이다.

그들은 낮의 쾌락도 밤의 쾌락도 조촐하게 즐긴다. 그러면서도 건강은 알뜰하게 챙긴다. 우리는 행복을 찾아냈다. 말종 인간들은 이렇게 말하고 눈을 깜박거린다."

말종 인간은 돈을 벌고, 소일거리를 위해서 일을 합니다. 그러나 몸이 상할까봐 열심히 일하지는 않습니다. 그들은 가난하지도 않지만 부자가 되지도 못합니다. 다스리는 자가 되지도 못하지만, 순종하는 인간이 되지도 못합니다. 모든 것이 다 귀찮고 짐이기 때문입니다. 이것저것 신경 안 쓰고 편한 것을 최고로 여깁니다.

그래서 그들은 평등을 원하고, 평균인의 모습으로 살아갑니다. 남들과 똑같이 살아가는 나를 보면서 안정감과 편안함을 느낍니다. 남들이 가는 길을 따라가야 불안하지 않습니다. 모두가 똑같은 모습으로 살아가는 말종 인간의 세상에서 다르게 생각하고 행동하는 사람은 정신병자 취급을 받습니다.

무리에서 이탈해 홀로 가려는 사람, 새로운 시도를 하는 사람, 자신의 도전과 꿈을 이야기하는 사람은 정신병원에 가야 하는 사람입니다. 그들은 쾌락을 즐기면서도 건강을 알뜰히 챙깁니다. 이러한 삶에서 행복을 찾아냈다고 하는 사람들입니다.

말종 인간은 편안함과 안전을 추구한다

약 130년 전에 니체가 묘사한 말종 인간의 모습이 너무 익숙하지 않나요? 편안함을 추구하면서 현실에 안주하려는 바로 나의 모습입니다.

움직이지 않는 돌에는 이끼가 끼고 고여 있는 물은 썩기 마련입니다. 도전하는 인생만이 인간을 성장하게 합니다. 현실에 눌러 앉는 것은 성장이 멈추는 것을 의미합니다. 계속 도전하세요. 육지가 나타나지 않아도 계속 노를 저어갔던 콜럼버스처럼 도전하는 인생만이 신세계를 만날 수 있습니다.

니체가 그리는 말종 인간의 모습은 이 시대를 살아가는 평균적인 사람들의 모습입니다. 별 일 없이 사는 사람, 조직과 무리 속에서 그럭저럭 적응하며 사는 사람들이 니체의 관점에서는 말종 인간입니다.

인간은 변화하려는 욕구보다 현실에 안주하려는 욕구가 더 강합니다. 평균의 모습과 다르게 변신하는 것은 위험할 뿐만 아니라 엄청난 인내를 동반하기 때문입니다. 보통 사람과 다른 모습은 주변 사람들과 가족들에게 두려움을 줍니다. 모두가 다른 삶, 다른 길에 익숙하지 않기 때문 입니다. 극복하는 과정은 무리에서 벗어나 홀로 걸어가는 과정입니다. 위험과 고통, 고독과 타인의 시선을 이겨내는 과정이기도 합니다.

넘어야 하는 두려움과 저항의 무게는 우리에게 안전을 선택하도록 만듭니다. 다른 길을 간다는 것은 외롭고 춥습니다. 무리와 함께 있는 것은 따뜻하고 안전합니다. 그래서 무리를 벗어나려 하지 않습니다. 사자의 공격에서 살아남기 위해 무리에서 이탈하지 않으려고 안간힘을 쓰는 들소 떼처럼 말입니다. 무리에서 이탈하지 않고 살아남는 것, 그것이 현대인들에게 가장 중요한 것입니다.

어떤 사람은 별 탈 없이 사는 것이 가장 가치 있다고 생각할 것입니다. 그럴 수도 있습니다. 편안한 삶도 도전하는 삶처럼 인생을 살아가는 하나의 모습이니까요. 그러나 니체는 안전과 행복을 추구하는 현대인들을 말종 인간이라고 불렀습니다.

말종 인간들이 사는 세상의 위대한 대지는 메마르고 생기를 잃어가고 있습니다. 대지의 나무는 높게 자라지 못합니다. 말종 인간은 꿈을 향한 동경의 화살을 쏘는 방법을 잊어 버렸습니다. 사람들은 무언가 정해진 것이 없는 혼돈의 상태를 마음속에 간직하지 못하고 질서와 규칙을 원하기 때문입니다. 험하고 척박한 바위틈에서 비바람을 견디며 피어나는 난초가 되기보다는 온실 속에서 안전하고 곱게 자라는 난초가 되기를 바랍니다.

둘 중 어느 쪽이 더 값어치 있는 난초일까요? 바위틈에서 혹독한 환경과 싸운 난초는 가격을 매길 수 없을 것입니다.

말종 인간은 우리의 모습입니다. 새로운 것을 모색하기보다는 현재의 편안함을 유지하기 원하고, 의문과 의심을 갖기보다는 세상이 정해준 가치를 그대로 받아들이는 사람들입니다. 다수의 사람들이 살아가는 모습을 따라가는 것이 나 자신과 가족을 위하는 것이라 위로하는 사람들입니다. 일탈하지 않고 남들과 비슷한 삶에 가치를 부여하는 그런 사람들, 바로 지금의 내 모습입니다.

세상이 존재하는 한 안전함과 편안함을 추구하는 사람들은 영원할 것입니다. 그래서 니체는 그들을 벼룩이라고 했습니다. 어디에 가도 존재하고, 영원히 없어지지 않기 때문입니다.

차라투스트라가 군중에게 말종 인간을 얘기했을 때 군중은 오히려 자신들을 말종 인간의 모습으로 만들어달라고 외쳤습니다. 시장 군중에게는 초인보다 말종 인간으로 살아가는 삶이 더 가치 있었던 것입니다. 그들에게 가치 있는 것은 도전하고 극복하는 삶보다 편안하고 안락한 삶이었습니다.

파괴하는 인간이 창조하는 인간이다

시장의 군중은 초인을 얘기하는 차라투스트라를 싫어하고 위험한 인물로 간주했습니다. 모두가 Yes를 말할 때 No를 외치는 사람이 이상한 사람이 되는 것과 같습니다.

그러나 편안함과 안락함을 추구하는 사람들은 자신의 역사를 개척하거나 자신의 가치를 창조할 수 없습니다. 역사의 물줄기를 바꿔놓은 사람들은 자신을 극복한 사람, 세상으로부터 고독했던 사람, 세상의 가치에 타협하지 않은 사람, 비정상적으로 취급 받던 사람, 사람들로부터 오해받고 비난 받았던 사람들이었습니다. 새로운 세상을 열었던 위대한 위인들은 몰락하고 파괴하고 극복하며 자신의 가치를 창조하는 초인의 삶을 살았습니다.

'어떻게 사는 것이 잘 사는 것인가?'는 인류가 지구상에 존재해온 수천 년 전부터 지금 이 순간까지 모든 사람이 고민하는 문제입니다. 모두에게 똑같이 적용되는 정답은 없습니다. 각자의 모습이 다르듯 각자가 생각하는 가치가 다르기 때문입니다.

절대적인 신이 존재하던 시대에는 삶을 규정하는 정답이 존재했습니다. 신이 정한 규율이 삶의 의미와 방향이었습니다.

니체는 신의 죽음을 선언했습니다. 모든 인간의 삶과 행동을 규정하는 절대 가치는 없다고 생각한 것입니다.

각자 개인이 설정한 가치 안에서 자신의 삶을 사는 사회가 가장 행복하고 건강한 사회입니다. 하지만 지금 세상은 삶에 정답이 있는 것처럼 가르치고 있습니다. 어린 학생들부터 어른까지 어떻게 사는 것이 이 사회에서 잘 사는 것인지 알고 있는 것 같습니다. 학생들은 이름 있는 대학에 가는 것, 어른들은 대기업에 취직해서 많은 돈을 버는 것이 잘 사는 것이 되었습니다.

그래서 사람들은 외모만 다를 뿐 모두가 비슷한 가치를 추구하며 살아가는 세상이 된 것입니다. 모두가 똑같은 옷을 입고 있으면 각자의 매력이나 멋을 알 수 없습니다. 학생들의 등굣길이나 직장인들의 출근길에 사람들을 관찰하면 얼굴에 표정이 없는 것을 볼 수 있습니다. 심지어 입고 있는 옷도 비슷합니다. 자신의 개성보다는 사회의 기준이 재단한 옷을 입기 때문입니다. 삶이 즐겁지 않은 이유입니다.

모두 똑같은 생각과 생활 방식으로 살도록 강요하는 사회에서 살아가는 우리의 모습이 니체가 말한 말종 인간입니다. 나와 내 친구들이 살아가는 모습이지요.

살아가는 인생에는 여러 가지 방법과 여러 갈래의 길이 있습니다. 이러한 상황에 어울리는 로버트 프로스트의 시, 「가지 않은 길(The road not taken)」이 생각납니다.

단풍 든 숲 속에 두 갈래 길이 있었습니다.

몸이 하나이기 때문에 두 길을 가지 못하는 것을

안타까워하며, 한참을 서서

낮은 수풀로 꺾어 내려가는 한쪽 길을

멀리 끝까지 바라보았습니다.

그리고 다른 길을 택했습니다.

똑같이 아름답고, 아마 더 걸어야 될 길이라 생각했지요.

풀이 무성하고 발길을 부르는 듯했으니까요

그 길도 걷다 보면 지나간 자취가

두 길을 거의 같도록 하겠지만요

그날 아침 두 길은 똑같이 놓여 있었고

낙엽 위로는 아무런 발자국도 없었습니다.

아, 나는 한쪽 길은 훗날을 위해 남겨 놓았습니다.

길이란 이어져 있어 계속 가야만 한다는 걸 알기에

다시 돌아올 수 없을 거라 여기면서요.

오랜 세월이 지난 후 어디에선가

나는 한숨지으며 이야기 할 것입니다

숲 속에 두 갈래 길이 있었고, 나는

사람들이 적게 간 길을 택했다고

그리고 그것이 내 모든 것을 바꾸어 놓았다고.

인생은 수많은 선택의 결과입니다. 갈림길에서 어느 길로 가야 할지 선택해야 합니다. 다수의 사람들이 가는 길을 갈 수도 있고 아니면 사람들이 가보지 않은 길을 선택할 수도 있습니다. 어느 길이 좋은 길이라고 말할 수 없습니다. 다수의 의견에 휩쓸리지 않고 자신이 능동적인 판단을 내리는 것이 가장 중요합니다.

초인은 인생의 기로에서 주체적으로 판단할 수 있는 인간입니다. 자신이 선택한 길을 먼 훗날 한숨을 쉬며 아쉬워할 수도 있습니다.

하지만 자신의 길을 걸어간 사람만이 프랭크 시나트라가 부른 〈My Way〉의 가사처럼 '생의 마지막 순간에(And now the end is near and so I face the final curtain) 나는 내 방식대로 살았다(I did it my way)'고 노래할 수 있을 것입니다.

이것이야말로 진짜 인생 아닐까요?

어떻게 살아야 하고 어느 길로 가야 할지는 남이 정해주는 것이 아닙니다. 내가 원하는 옷은 내가 제일 잘 알고 있습니다. 삶도 이와 같이 자신이 원하는 것을 선택할 수 있어야 합니다. 우리는 외부에서 강요된 가치에 의해 살아왔기 때문에 주체적인 판단 능력을 잃어가고 있습니다. 외부에서 세뇌된 가치의 사슬을 끊어야만 고정관념의 몰락과 파괴가 일어납니다.

나의 삶이 세상이 만든 가치관에 의해 만들어지는지, 나 자신의 가치 판단에 의해 만들어지는지는 아주 중요합니다.

사회 기준에 길들여진 우리의 삶은 나 자신을 위하는 것보다 남에게 보여주기 위한 삶인 경우가 많습니다. 모두가 꼭 유행하는 옷을 입을 필요는 없습니다. 내 스타일이 아니라면 과감히 무시해버리면 됩니다. 삶을 사는 것도 그렇습니다. 남들이 옳다고 하는 것들이 모두 나에게 옳은 것은 아닙니다.

세상 사람들은 세상이 강요하는 가치와 진리를 파괴하는 자를 미워합니다. 신경 쓰지 마세요. 파괴하는 자가 세상을 바꿀 창조자입니다.

4

초인은 나 자신이 되는 것

자신의 삶을 살아라

말종 인간은 기존의 가치를 믿으며 편안함과 안락함을 추구하는 인간입니다. 이에 반해 초인은 기존의 가치를 넘어, 자신의 가치를 창조하는 사람입니다. 외부에서 정한 가치 틀에서 과감히 벗어나 자신의 삶을 살며 끊임없이 극복하는 인간입니다.

외부에서 규정한 가치에 의해 살아가는 사람은 남들의 시선을 항상 의식합니다. 중요한 가치가 밖에 있기 때문입니다. 삶의 가치를 내가 아닌 다른 사람의 모습에서 찾기 때문에 공부 잘하는 친구, 돈 많고 권력 있는 사람이 삶의 기준이 되어 버립니다. 그러면서 다른 사람들과 자신을 계속 비교합니다. 비교하는 순간 우리는 불행해집니다. 남과 비교는 것만큼 자신을 괴롭히는 일도 없습니다. 불행하게도 우리는 계속 비교하며 자신을 괴롭힙니다. 다른 사람과의 비교는 우리를 불행한 사람, 가난한 사람, 못난 사람으로 만들어 버립니다. 다른 사람이 가진 떡은 항상 내 것보다 커 보이기 마련이지요.

초인에게는 모든 삶의 기준이 '나'가 됩니다. 가치를 자신이 만들기 때문입니다. 다른 사람이 나를 어떻게 생각하는지는 중요하지 않습니다. 내가 진정 원하는 것이 무엇인지 아는 것이 더 중요합니다. 그렇게 되기 위해서는 먼저 삶의 기준과 가치를 외부에서 자기 안으로 돌려야 합니다. 세상이 중요하다고 하는 것에 집중하기보다 나에게 중요한 것이 무엇인가를 먼저 고려해야 합니다. 오랫동안 나를 둘러싸고 있던 기존의 가치관을 벗겨내야 가능한 일입니다. 기존의 가치를 우상으로 규정하고 쇠망치로 파괴하는 니체처럼 말입니다.

인류의 역사 대부분은 굶주림, 질병, 침략, 약탈, 전쟁, 살육으로 이루어졌습니다. 지금은 인류 역사상 어느 시대보다도 평화롭고, 풍요로운 시대입니다. 그러나 많은 사람들이 정신적으로 불행하고 물질적으로 부족하다고 호소합니다. 삶이 즐겁지 않고 무기력하다고 합니다. 가슴에 스트레스 덩어리를 안고서 출근해야 하는 어른이나, 비싼 집값에 한숨짓는 신혼부부나, 대학을 졸업해도 일자리를 얻기 힘든 청년이나, 공부 때문에 주말에도 놀지 못하는 학생이나 삶이 힘들기는 마찬가지입니다.

사람들은 달리기 경주를 하듯 바쁘게 살고 있습니다. 그렇게 열심히 살아가지만 삶은 나아지지도 않고 즐겁지도 않습니다. 삶이 힘겹고 즐겁지 않은 이유는 나 자신을 위한 삶이 아니기 때문입니다. 우리나라 교육은 점수만을 강조하고 대학만을 목표로 합니다. 그러다 보니 학생 자신은 정작 좋아하는 것이 무엇인지 모른 채 대학을 갑니다. 엄청난 돈과 시간을 들여 들어간 대학에서 학생들이 가장 많은 시간을 투자하는 공부는 취직을 위한 공부입니다. 취직을 해도 자신이 대학에서 공부한 것과 상관없는 분야에서 일하는 경우가 많이 있습니다.

우리나라는 세계에서 자살률이 가장 높은 국가입니다. 부자와 가난한 사람의 격차가 점점 커지고 있습니다. 청년 일자리, 비정규직 문제, 노인문제가 점점 심각해지고 있습니다. 모두가 사회 시스템에 문제가 많다는 것을 알고 있습니다. 더 좋은 사회를 위해 국가가 변해야 하고 조취를 취해야 한다고 생각합니다. 하지만 자신이 변해야 한다고 생각하는 사람은 많지 않습니다. 각자가 원하는 삶을 살 때 사회도 건강해지는 것입니다. 우리에겐 꿈처럼 보이지만 그렇게 사는 사람들이 있습니다.

UN이 발표한 행복지수 조사에서 2012년과 2013년 2년 연속 1위를 차지한 국가가 있습니다. 북유럽의 작은 나라 덴마크입니다. 우리나라는 2012년에 56위, 2013년에 41위였습니다.

덴마크가 전 세계에서 가장 행복한 나라가 된 요인은 소득에 따라 공정하게 부과하는 세금과 복지제도 때문입니다. 소득이 아주 높은 사람의 경우 소득의 60퍼센트 이상을 세금으로 냅니다. 이러한 세금은 두터운 중산층을 만들었습니다. 또 세금을 사회에 재분배하여 빈

부격차가 크지 않은 사회를 만들었습니다.

높은 소득층으로부터 많이 걷은 세금은 국가 재정을 건전하게 만들었고, 이는 튼튼한 사회복지를 가능하게 했습니다. 튼튼한 사회복지 제도로 인해 덴마크인들은 취직이나 실직을 걱정할 필요가 없습니다. 대학 입학에 목을 매지도 않습니다. 때문에 덴마크인들의 직업 선택 기준에는 연봉이나 회사 이름이 들어가지 않습니다. 자기가 좋아하는 일인지 아닌지가 제일 중요한 기준인 것입니다.

남과 비교할 필요도 없고, 남의 시선을 의식할 필요도 없이 자신의 삶을 살 수 있는 나라가 덴마크입니다. 그들에게 많은 소득, 경쟁의 승리, 대학보다 중요한 것은 자기 자신입니다.

우리나라와 같이 치열한 경쟁, 학벌, 높은 소득을 강요하는 사회에서 덴마크와 같은 국가체계와 사회 분위기를 바랄 수는 없습니다. 때문에 자신이 변해야 하는 것입니다. 자신의 삶을 사는 것이 가장 행복한 국민이 되는 것이라는 사실을 잊지 말아야 합니다.

우리 삶이 힘겹더라도 희망은 있습니다. 희망은 고통을 버티게 해주며 삶을 계속 나아가게 하는 힘이 되어 줍니다. 그러나 희망을 외부에서 찾는 경우에는 얘기가 달라집니다. 이것은 외부의 환경이 바뀌기를 바라는 희망입니다. 일 중독자인 상사가 회사를 그만두거나, 정신병자 같은 선생님이 다른 학교로 간다면 행복해질 것이라고 생각하는 것입니다. 차를 바꾸거나 명품 가방을 사면 지금보다 멋진 사람이 될 것이라고 믿습니다. 하지만 외부 변화로 인한 만족감은 오래가지 않습니다. 사람들은 외부환경의 변화는 간절히 희망하면서 정작 나 자신을 바꾸려는 노력은 별로 하지 않습니다. 그래서 니체는 희망보다 의지를 얘기합니다. 허무의 고통과 삶의 무게를 극복하는 것이 힘을 향한 의지입니다. 강인한 힘의 의지만이 인간이 부딪혀야 하는 수많은 저항을 극복하게 만들어줍니다.

니체가 살았던 130년 전이나 스마트폰 시대를 사는 지금 21세기나 보통 사람들은 외부에서 주어진 가치와 진리를 좇고 있습니다.

학교는 주어진 정답대로 가는 인간을 만드는 곳이 되었고, 사회 역시 조직에 충성하고 회사의 이익에 도움이 되는 인간만이 살아남는 곳이 되었습니다. 모두가 똑같은 옷을 입고, 똑같은 가치를 추구하다 보면 내가 왜 살아야 하는지, 무엇 때문에 사는지 혼란스러울 때가 찾아옵니다.

고독 속에서 '나'를 만나라

자기 자신으로 살지 못하는 사람들에게 니체는 돌려 얘기하지 않습니다. 다이너마이트를 터트리듯 폭발적이고 직설적으로 말합니다.

"달아나라, 벗이여, 그대의 고독 속으로!"

삶의 기준을 외부에서 나로 돌리기 위해서는 나 자신과 대화를 해야 합니다. 나 자신을 만나기 위해서는 고독할 줄 알아야 합니다. 혼자가 되는 시간을 가져야 합니다. 인간은 홀로 되는 것을 본능적으로 두려워합니다. 그래서 홀로 되기보다 무리 속에 머물려고 하는 것입니다. 하지만 무리 속에서는 진정한 나의 모습을 발견할 수 없습니다.

어린 시절에 안데르센의 동화『미운 오리 새끼』를 읽어 보았을 것입니다. 미운 오리 새끼는 오리들과 함께 생활하고 싶지만, 다른 외모 때문에 놀림과 따돌림을 당했습니다. 미운 오리 새끼는 계속되는 학대와 괴롭힘을 견디지 못하고 결국 무리 속에서 달아났습니다. 외롭고 위험한 방황과 방랑이 시작됐습니다. 가는 곳마다 다른 동물들에게 무시당하고 사람들에게 발로 차였습니다.

얼어 죽을 뻔한 겨울의 고비를 넘기고 봄이 찾아왔습니다. 미운 오리 새끼는 어느 날 연못가에서 백조 무리들이 헤엄치는 모습을 보게 됐습니다. 지금까지 이처럼 아름답고 우아한 새를 본적이 없었습니다. 몸에서는 빛이 났고 유연하고 긴 목은 너무 매끈했습니다. 평생 무시와 학대만 받아 왔던 미운 오리 새끼는 용기를 내어 눈부신 백조 무리에게 헤엄쳐 갔습니다. 그때 물위에 비친 자신의 진짜 모습을 처음으로 보게 됐습니다. 세상에서 가장 못생겼다고 생각했던 미운 오리 새끼는 바로 아름답고 우아한 백조였던 것입니다.

재미로 읽었던 동화가 인생의 엄청난 해답을 알려주고 있습니다. 미운 오리 새끼가 계속 오리 무리 속에서 버티고 살았다면 자신의 진짜 모습을 모른 채 평생 불행하게 살았을 것입니다. 많은 사람들은 회사, 학교 등 어딘가에 속해서 무리 인생을 삽니다. 무리 속에서 살아가는 나는 무리의 한 구성원으로서의 나입니다. 진정한 나와는 다릅니다. 나를 만나기 위해서는 무리에서 달아날 수 있어야 합니다. 달아날 수 없다면 일정한 거리를 유지할 수 있어야 합니다. 그래야 위대한 고독을 만날 수 있습니다. 모든 사람들에게는 각자의 특별함이 있습니다. 무리 속에서는 그것이 무엇인지 찾기 어렵습니다. 많은 사람들이 학교와 직장에 너무 얽매여 자신과 대화하는 것을 잊은 채 살아갑니다. 밤늦은 시간에도 불이 켜져 있는 학원과 빌딩에서 공부하고 일하는 사람들에게 가장 필요한 것은 고독의 시간입니다.

우아한 백조라도 자신의 참 모습을 알아보지 못한다면 미운 오리로 사는 것입니다. 보석을 보석으로 보지 못하면 그냥 돌덩어리에 불과한 것처럼 말입니다. 지금의 나도 오리 속에서 살아가는 백조일지도 모릅니다. 무리에서 벗어나 자신의 고독 속으로 들어갈 수 있는 사람만이 나의 진짜 모습을 볼 수 있습니다.

나의 모습을 보기 위해서는 나와 대화해야 하고 나를 알아야 합니다. 용기를 가지고 고독과 마주해야 하는 것입니다.

차라투스트라가 산속에서 내려와 지혜를 가르쳤던 곳이 시장입니다. 시장은 고독과 반대되는 개념입니다. 시장은 소음이 넘치고 자신의 삶을 찾고자 하는 사람을 방해하는 독파리가 득실거리는 곳입니다.

"고독이 끝나는 곳에서 시장이 열린다. 그리고 시장이 열리는 곳에서 위대한 배우들의 소음과 독파리 떼의 윙윙거림이 시작된다. 시장은 성대하게 차려 입은 어릿광대들로 가득하다."

시장은 소유와 소비를 가치로 인정하는 곳입니다. 이곳은 화려하게 차려 입고 오락을 즐기는 사람들이 모여듭니다. 우리가 좋아하는 그런 장소입니다.

인간은 사회적 동물이기 때문에 무리에서 완전히 벗어날 수는 없습니다. 하지만 자신과 자신의 가치를 찾기 위해서는 무리와 일정 거리를 두어야 합니다.

"위대한 일은 시장과 명성을 떠난 곳에서 일어난다. 옛날부터 새로운 가치의 창안자들은 시장과 명성을 떠난 곳에서 살아왔다."

돈과 권력이 모이는 곳은 항상 시끄럽고 지저분합니다. 서로 속이고, 싸우고, 사람들이 뿜어내는 탐욕의 악취가 진동합니다. 새로운 가치가 탄생하는 곳은 돈과 명성에서 멀리 떨어진 곳입니다.

니체는 각자 자신이 만드는 새로운 가치만을 진정한 가치로 인정합니다. 니체는 자신의 가치를 창조하기 위해 무리에서 달아나라고 합니다. 고독 속으로 들어가라고 말합니다. 시장과 명성에서 멀리 떨어지라고 합니다. 위험하게 살라고 합니다. 화산이 폭발할지도 모르는 산기슭에 집을 지으라고 합니다. 배를 가보지 못한 바다에 띄우라고 합니다. 이 힘겨운 과정들이 나를 찾아가는 과정입니다. 나로 살 수 있을 때 극복과 창조가 일어납니다. 이 과정은 외롭고, 고통스럽고 두렵고 위험합니다. 그러나 인내하며 극복해야 합니다. 자신이 되는 것보다 삶에서 소중한 것은 없으니까요.

니체는 『반시대적 고찰』에서 자신을 발견하는 것이 얼마나 어려운 것인가를 보여줍니다.

"인간은 덮여서 감춰진 하나의 어두운 존재다. 그래서 토끼에게 7겹의 가죽이 있다면, 인간은 7의 70곱의 가죽을 벗기더라도 '이것이야 말로 진짜 너다. 이것은 이젠 가죽이 아니다'라고 말하지 못할 것이다."

지금 나의 삶이 타인이 가는 길을 따라가고 있는 것은 아닌지, 타인의 기준에 맞춰 살고 있는 것은 아닌지 의심해봐야 합니다. 내 삶을 돌아보고 나 자신과의 대화를 통해 '나'로 살아가는 삶을 더듬어 봐야 합니다. 그 과정은 외롭고 고독할 것입니다. 수백 겹의 가죽을 벗겨내야 하는 고통과 기다림의 인내가 필요할 것입니다. 외부의 시선을 의식하는 삶도 고통이고 나 자신으로 살아가는 삶도 고통이라면 무엇을 선택할지 고민할 필요가 없습니다. 우리는 더 가치 있는 것이 무엇인지 알기 때문입니다.

★ 생각이 자라는 질문 ★

01 니체는 세상에 순응하며 편하고 안전하게 사는 것을 싫어했습니다. 외롭고 위험하더라도 세상이 강요하는 것을 거부하고 자신만의 것을 만들어 가는 삶을 진정한 삶이라고 생각했습니다.

여러분은 어떤 삶이 더 가치 있다고 생각하나요? 학교와 사회가 원하는 돈이 많고 편안한 삶을 원하나요? 아니면 돈을 조금 벌고 힘들더라도 자신이 하고 싶은 것을 하면서 살고 싶나요?

극복하고
긍정하고
창조하라

1

삶을 극복하는 힘의 의지

생명이 있는 곳에 힘의 의지가 있다

철학은 세계의 본질에 대한 질문에서 시작되었습니다. 본질이란 '존재하는 사물은 무엇이다'라고 정의할 수 있는 것이라고 보면 됩니다. '의자는 앉는 것이다'라고 하면 의자는 사물이 되고 앉는 것이 의자의 본질이 됩니다. 고대 그리스의 탈레스가 최초의 철학자라 불리는 이유는 인류 최초로 세계의 본질에 대해 생각했기 때문입니다. 탈레스는 그것을 물이라고 했습니다. 탈레스 이후 고대 그리스 철학자들은 공기, 불, 물 등 자연으로 세상의 본질을 탐구하려고 했습니다.

소크라테스와 플라톤은 세상과 인간의 본질을 이성으로 설명했습니다. 그 뒤 이성은 서양 철학에서 가장 중요한 개념이 되었습니다.

노자와 장자의 사상인 동양의 도가 사상은 도(道)로 세상을 설명했습니다. 도는 세계의 본질이고 스스로 움직이는 자연이라고 생각했습니다. 도가 사상에서 또 다른 중요한 개념인 덕(德)은 개별 사물의 본질입니다. 인간의 본성도 덕의 개념에 들어갑니다. 그래서 노자가 세상에 남긴 유일한 책이 도와 덕에 관한 글이라는 의미의 『도덕경(道德經)』입니다.

니체의 철학 스승이라고 할 수 있는 쇼펜하우어는 이성으로는 삶과 세계의 본질을 파악할 수 없다고 했습니다. 그가 세계의 본질로 본 것은 '의지'입니다.

니체가 세계의 본질로 본 것도 의지입니다. 힘을 향한 의지입니다. 이 힘의 의지는 상승하고 강해지려는 의지이며, 저항을 극복하려는 의지입니다. 니체는 살아있는 모든 것에는 힘의 의지가 있다고 생각했습니다.

힘의 의지는 쇼펜하우어의 의지에서 영향을 받았습니다. 니체는 라이프치히의 헌책방에서 쇼펜하우어의 책 『의지와 표상으로서의 세계』를 읽고 그의 철학하는 방식에 매력을 느꼈습니다. 당시 삶의 의미를 찾지 못하고 방황하던 니체에게 쇼펜하우어는 새로운 세계로 인도하는 빛과 같았습니다. 그러나 삶을 긍정하는 니체는 삶을 부정하는 쇼펜하우어의 염세주의 철학에 오랫동안 매력을 느끼지 못했습니다. 니체가 쇼펜하우어에게 영향을 받은 것은 분명하지만, 세상과 삶을 설명하는 방식과 관점은 많이 달랐습니다.

두 철학자가 세상의 본질로 본 의지에 대한 개념과 내용에도 차이가 있습니다.

니체에게 의지는 삶을 상승하게 하는 힘의 의지입니다. 니체의 의지는 모든 가치의 근원이자 살아있는 모든 것들이 존재하는 이유입니다.

쇼펜하우어에게 의지는 세계의 본질이지만, 인간은 인식하지 못합니다. 의지는 그 자체로 존재하며 감각을 통해서만 밖으로 드러납니다. 그것이 표상의 세계입니다.

의지는 욕망을 만들고, 영원히 만족하지 못하는 욕망은 삶을 고통스럽게 합니다. 인간은 의지가 지배하기 때문에 끝없는 욕망에 시달리며 권태와 고통을 느끼는 것입니다. 고통을 끊기 위해서는 욕망의 원인인 의지를 부정하고 엄격한 금욕 생활을 해야 하는 것입니다.

쇼펜하우어의 의지는 삶을 고통에 이르게 하지만, 니체의 힘의 의지는 삶을 상승하게 하고 극복하게 합니다.

누구나 삶의 목표와 살아가는 이유가 있습니다. 차라투스트라는 그 삶의 가장 깊숙한 안쪽으로 들어가 보라고 충고합니다. 거기에서 삶을 끌어 올리려는 힘의 의지를 발견할 수 있다고 합니다.

"삶 자체의 심장 속으로, 그 심장의 뿌리 속까지 완전히 기어들어가 보아라! 그러면 생명이 넘치는 곳에서 힘의 의지를 발견한다."

우리의 삶 가장 깊숙한 내면, 심장의 뿌리 속까지 완전히 들어가 보면, 생명 안에는 힘을 향한 의지가 있습니다. 힘의 의지가 살아 있는 모든 것의 가장 근본적이고도 내적인 본성인 것입니다.

지금 내가 하는 행동들을 생각해 봅시다. 누구는 어려운 수학 문제와 싸우고 있고, 누구는 영어 단어를 열심히 외우고 있고, 누구는 사장의 모욕을 참아가며 일하고 있습니다. 이런 행위들의 근본에는 지금보다 더 큰 힘을 얻고자 하는 의지가 있는 것입니다.

명문 대학에 가려는 것, 좋은 직장에 취직하려는 것, 많은 돈을 벌려는 것의 본질도 힘의 의지입니다. 명문 대학에 가고 좋은 직장에 취직을 하면 주위에서 보는 눈이 달라집니다. 나의 힘이 상승한 것입니다. 돈을 많이 벌면 내가 누릴 수 있는 것이 많아집니다. 일반적으로 돈이 많으면 적은 사람보다 더 많은 힘을 발휘할 수 있습니다. 세상의 모든 것은 결국 힘과 연결됩니다.

사람과의 관계에도 힘의 의지가 작용합니다. 사랑하는 연인 사이에도 안 보이는 힘이 존재합니다. 서로 상대방이 내 방식대로 따라주기를 원하는 것이 그것입니다. 경제든 외모든 내가 더 많은 힘을 가지면 상대방과의 관계를 주도할 수 있습니다. 아이들이 부모님에게 복종하는 것, 학생들이 선생님 말씀을 따르는 것, 국민들이 국가의 규칙을 지키는 것 모두 힘의 차이에서 발생하는 것입니다. 힘의 차이가 곧 서열입니다. 힘이 센 자는 명령하는 자가 되고 그렇지 못한 자는 복종하는 자가 됩니다. 인류가 걸어온 역사는 정복, 혁명, 전쟁과 같은 갈등의 역사입니다. 국가와 국가, 부족과 부족, 국가와 시민 사이의 힘이 항상 충돌했습니다.

힘의 의지가 가장 강력한 사람들은 정치인들입니다. 권력의 힘을 위해서라면 갖은 수단을 이용하는 사람들입니다. 권력의 힘을 알기 때문입니다. 정치인들이 선거에 목숨을 거는 이유가 여기에 있습니다. 솔직히 그들은 서민의 괴로움과 고민에는 별로 관심이 없습니다. 엄청난 힘을 가지려는 의지에만 관심이 있습니다. 당선이 바로 힘이지요. 우리나라에서 권력에 대한 안 좋은 이미지 때문에 정치인들의 강한 힘의 의지를 정직하지 못하고 악한 모습으로 봅니다. 그러나 의지의 본질만 본다면 누구나 마음 깊은 곳에 힘의 의지를 가지고 있습니다. 이것이 삶의 본성이며, 생명체가 살아가고 상승하는 원동력입니다.

동물의 세계에서도 힘의 서열에 따라 질서가 부여됩니다. 자신의 영역을 다른 동물에게 허락하지 않는 사자에서부터 곳곳에 흔적을 남기는 강아지들까지 동물들도 힘의 의지를 가지고 있습니다.

동물 사회에서는 힘이 결정한 서열이 거의 깨지지 않습니다. 그러나 인간 사회에서 영원한 힘의 서열은 존재하지 않습니다. 세계 최고의 스포츠 스타들도 언젠가는 누군가에게 최고의 자리를 양보해야 합니다. 한때 자신에게 명령을 내리던 자가 몇 년 뒤에 자신에게 명령을 받는 자가 되기도 하고, 권력자가 하루아침에 모든 것을 잃고 추락하는 경우도 있습니다.

현대 사회에서는 돈, 명예, 권력이 가치 서열에서 가장 높은 곳에 위치하고 있습니다. 학생들 사이에서는 시험 성적과 잘 생긴 외모가 힘의 서열을 만드는 가치일 것입니다. 가치가 높은 것을 많이 소유하면 그만큼 힘이 강해집니다. 돈이 곧 힘이요, 권력이라는 현대의 공식이 힘의 의지를 그곳에 집중하도록 만들고 있습니다.

모든 사람의 힘의 의지가 돈과 권력으로 향하기 때문에 곳곳에서 부작용이 생기기도 합니다. 니체가 130여 년 전『아침놀』에서 물질만을 추구하는 인간의 추악한 모습을 다음과 같이 묘사했습니다.

> "어떤 사람은 불공정한 저울을 사용하고, 어떤 사람은 고액 보험을 든 후에 자신의 집에 높은 지르고, 어떤 사람은 위조지폐 제조에 참여한다. 상류사회 사람 중 4분의 3이 합법적 사기에 봉두하고 주식거래와 투기로 인한 양심의 가책 때문에 괴로워할 때 그들을 부추기는 것은 무엇인가? 이는 그들이 실제로 궁핍했기 때문은 아니다. 그들은 그렇게 심하게 형편이 나쁘지 않으며 아마 음식에 대한 걱정도 없을 것이다. 그들을 그렇게 부추기는 것은 돈이 쌓이는 속도가 너무 느리다는 초조감이다. 축적된 돈에 대한 끔찍한 욕망과 애정이 밤이든 낮이든 그들을 몰아대는 것이다."

130여 년 전에 쓰인 글인데도 현재 우리가 뉴스에서 접하는 소식과 똑같아서 소름이 끼칠 정도입니다.

대부분의 사람들은 채워도 채워도 부족하다고 초조해합니다. 동물

사회에서 강한 이빨과 큰 덩치가 힘과 권력인 것처럼, 인간 사회에서는 돈이 곧 힘이고 권력이 되어버렸기 때문입니다. 이러한 과한 욕망은 억제해야 합니다. 과도한 쾌락과 지나친 욕망의 추구는 건강한 삶을 방해하는 또 다른 짐입니다. 그러나 적절하게 본능을 발산하는 것은 필요합니다. 니체가 비판했던 종교의 금욕주의는 이러한 본능의 발산을 완전히 억제했습니다. 선과 악, 순수, 순결, 희생, 동정, 이웃사랑이란 이름으로 인간의 본능을 막았던 것입니다. 종교의 힘으로 인간의 힘을 누르려는 또 다른 힘의 의지입니다. 신이 지배하는 세계에서 본능을 발산해야 하는 인간의 힘의 의지는 거대하고 대항할 수 없는 다른 힘의 의지가 막아 버렸습니다. 힘의 차이가 인간에게 절대 가치를 강요하게 한 것입니다. 이러한 의지는 상승하는 힘의 의지가 아닌 일종의 후퇴하고 하강하는 힘의 의지입니다.

건강한 힘의 의지는 상승하고 극복하는 의지다

니체에게 가장 중요한 단어들은 삶의 역동성, 건강함, 명랑함, 상승, 긍정, 극복, 가치 창조 같은 것들입니다. 기독교의 절대 도덕이 지배했던 서양에서는 금욕, 순결, 절제, 동정, 이웃사랑 같은 단어들을 더 존중했습니다. 이렇게 니체 철학과 서양의 전통은 추구하는 가치가 완전히 다릅니다. 니체는 서양의 전통 가치와 도덕이 인간을 병들게 만든다고 생각했습니다. 병든 인간이 건강을 되찾기 위해서는 낡은 가치를 극복해야 합니다. 극복하는 의지가 힘의 의지입니다.

상승하려는 힘의 의지가 충만한 인간만이 자신을 극복할 수 있습니다. 극복한다는 것은 계속 성장한다는 것입니다. 힘의 의지는 끝없이 솟아오르는 샘물입니다. 그래서 힘의 의지가 건강하면 삶의 무게와 저항을 계속 극복하면서 성장할 수 있는 것입니다.

건강한 힘의 의지가 작동하는 인간은 세상에 널리 퍼져있는 삶의 무기력함을 극복할 수 있습니다. 이들은 똑같은 삶이 영원히 반복되는 영원회귀의 삶을 긍정하며 '그래, 또 한 번 살아보자'를 외칩니다. 아무리 힘든 삶의 고통도 극복하는 의지가 힘의 의지입니다.

인간은 극복해야 하는 존재입니다. 삶에는 항상 극복해야 하는 것들이 넘쳐납니다. 극복하지 못하는 삶은 무겁습니다. 자신의 어깨에 너무 많은 짐을 싣고 걸어가는 낙타와 같이 살아가는 것입니다. 그들에게 삶은 사막입니다.

삶이 허전해지는 마음의 고통을 극복하고, 삶을 긍정하며, 성장하고 상승하려는 의지가 힘의 의지입니다. 존재하는 모든 생명체에는 이러한 힘의 의지가 있습니다. 그러나 모든 생명체의 힘의 의지가 건강한 것은 아닙니다. 힘의 의지가 약하면 주저앉게 됩니다. 건강한 힘의 의지가 작동하는 생명만이 저항을 극복하는 것입니다.

힘의 의지가 강한 사람은 약한 사람을 지배하고 명령합니다. 주인과 노예의 계급도 힘의 의지가 만들어낸 계급입니다. 힘에 차이가 지배하는 자와 지배받는 자를 만드는 것입니다. 힘이 약한 직원은 회사에서 월급을 받고 일을 하지만, 힘이 강한 사장은 명령을 하고 지시를 내립니다. 돈도 더 많이 가져갑니다. 힘의 차이에 의해 강한 자가 약한 자를 정복하고 지배하는 것입니다.

니체는 고대 그리스인이 건강한 힘의 의지가 가장 잘 반영된 민족이라고 했습니다. 로마인들도 강인한 힘의 의지로 정복 본능이 잘 발휘된 민족으로 보았습니다.

니체는 힘의 의지를 병약한 것과 건강한 것으로 구별합니다. 병약한 힘의 의지는 고통스런 현실로부터 도피하고 다른 무언가에 의존하려는 의지입니다. 신과 하늘 세계에서 삶의 희망과 의미를 찾으려 했던 서양인들이 대표적입니다. 그 의지는 지상에서의 삶과 신체적 욕망을 거부하는 의지이고 영원불멸의 천국을 믿으며 삶의 안정과 위안을 얻으려는 의지입니다. 금욕의 삶을 추구하고 순수함을 향하는 이 의지는 건강한 힘의 의지와 반대되는 의지입니다. 이런 의지는 인간들을 내적으로 병들고 나약하게 만드는 의지입니다.

니체에 의하면 민주주의 사회 또한 계급 사회를 무너트리고 평등 사회를 만들어 개인의 힘을 약화시키고 하향 평준화시켰다고 보았습니다. 니체는 지금 시대에 비도덕으로 간주하는 정복, 착취, 갈등, 투쟁을 건강한 힘의 의지가 나타난 결과로 보았습니다.

힘의 의지는 항상 더 많은 힘을 추구합니다. 서열과 계급이 정해졌다고 해서 힘의 의지가 멈추지는 않습니다. 계급 안에서도 더 높이 상승하려는 힘의 의지는 계속 움직입니다. 상승하려는 힘의 의지가 최종적으로 도달할 수 있는 상태는 존재하지 않습니다. 삶은 끊임없는 극복의 과정이기 때문에 힘의 의지로 인한 경쟁과 상승은 결코 멈추지 않습니다. 따라서 명령하는 자는 명령하는 자대로, 복종하는 자는 복종하는 자대로 더 상승하려는 힘의 의지를 갖습니다.

명령하는 자들은 복종하는 자들을 더 강하게 지배하는 힘의 의지를 가지려 하고, 또 자신보다 높은 자들을 넘어서려는 더 큰 힘의 의지를 가지려 합니다. 복종하는 자는 자기보다 힘이 강한 자에게 굴복하고 복종하지만 그들도 언젠가 지배하는 자가 되기 위한 힘의 의지를 갖습니다. 또한 자신보다 약한 자들에게는 지배자가 되려는 의지가 있습니다. 차라투스트라는 명령하는 자와 복종하는 자의 힘의 의지를 다음과 같이 설명합니다.

"생명이 있는 곳에서 나는 힘의 의지를 발견했다.

복종하는 자의 의지 속에서도 주인이 되고자 하는 의지를 발견했다. 약자는 강자를 섬겨야 한다고 약자는 자신의 의지를 설득한다. 하지만 자신 역시 자신보다 약한 자의 지배자가 되려고 한다. 약자 또 이런 기쁨만은 버리지 못하는 것이다.

약자가 강자에게 복종하는 것은, 그렇게 함으로써 더 약한 자에 대한 쾌락과 힘을 얻기 위함이다. 가장 강한 자 또한 힘을 얻기 위해 목숨을 건다. 모험을 강행하고, 위험을 무릅쓰고 죽음을 건 주사위 놀이를 하는 것, 그것이 강자의 헌신이다.

희생과 봉사, 그리고 사랑의 눈길이 있는 곳에서도 강자가 되려는 의지가 있다. 이때 더 약한 자는 샛길을 통해 강한 자의 성으로 몰래 숨어들어가 힘을 훔쳐내는 것이다."

강한 자는 명령하는 자, 주인입니다. 약한 자는 강자, 즉 주인에게 복종하는 자입니다. 힘 차이에 의해 서열이 존재하지만, 강자는 더 많은 힘을 얻기 위한 의지를 갖고 있고 약자도 강자가 되려는 의지를 가지고 있습니다. 약자는 강자를 힘으로 이기기 힘든 경우 직접적인 대결을 피해서 우회적이 방법으로 강자를 무찌르기도 합니다. 이미 설명했듯이 약자였던 유대 민족이 강자였던 로마를 기독교 도덕으로 무너뜨린 경우가 대표적인 예입니다.

사회는 힘의 차이에 따라 물고 물리는 서열관계의 수레바퀴 속에서 돌아갑니다. 욕심 많은 사장은 직원들을 자기 돈을 버는 기계 정도로 취급합니다. 소리 지르고 책임을 떠넘기며 인격적으로 모욕합니다. 직원은 부당한 대우를 받지만 사장에 대항할만한 힘이 없습니다. 그래서 계속 참고 버티는 것입니다. 언젠가는 이 생활에서 벗어나려는 의지를 갖고서 말입니다.

강자의 힘을 가진 사장도 더 큰 힘을 보유한 공무원이나 권력자들 앞에서는 약자가 됩니다. 기업인들이 온갖 방법을 써서 권력에 붙으려는 이유가 지금보다 더 강한 자가 되기 위한 의지 때문입니다.

집안에서도 힘의 관계가 존재합니다. 수입이 많은 남편은 아내보다 강한 힘을 발휘합니다. 하지만 남편이 직장을 잃거나 수입이 줄어들면 힘은 차츰 아내에게로 이동합니다. 그때부터 아내의 목소리가 커지고 남편의 힘은 점점 약해집니다.

아이들은 집안에서 약자이기 때문에 자신의 목적을 이루기가 쉽지 않습니다. 반항을 해보기도 하지만 결국 부모의 요구에 굴복하는 경우가 많습니다. 다니는 학원이 너무 많다고 엄마한테 불평했다가 실컷 잔소리를 듣기도 합니다. 속이 상한 아이는 화풀이를 하기 위해 더 힘이 약한 대상을 찾습니다. 동생이나 강아지가 그들입니다.

친구들 사이에서도 밥값을 내는 사람이 힘의 서열에서 가장 높은 위치에 있습니다. 저녁 메뉴는 돈을 내는 친구가 결정합니다. 저녁을 산다는 힘 앞에 얻어먹는 친구들은 그냥 따라가는 것 외에 아무런 권한이 없습니다.

생명이 있는 모든 곳에는 힘의 의지가 존재합니다. 나도 너도 아빠도 엄마도 우리 집 강아지도 살아있는 모든 것은 힘의 의지가 있습니다. 힘의 차이가 권력과 서열을 만들지만, 항상 움직이는 힘의 의지가 존재하는 한 힘의 차이는 언제든지 바뀔 수 있습니다.

니체의 시각에서 살아간다는 것은 끊임없이 자기 자신을 극복하는 것입니다. 자기 극복은 힘의 의지가 계속 움직이는 과정입니다. 수레바퀴가 멈추지 않고 돌아가는 것과 같은 것입니다. 수레바퀴가 계속 돌아가기 위해서는 자기극복의 노력과 도전을 동반해야 합니다. 현대인들은 자기극복의 의지보다 편안함과 안락함을 유지하려는 의지가 더 강합니다. 니체에게 자기 극복이 멈추어 버린다는 것은 힘의 의지가 멈춘다는 것입니다. 이것은 삶도 함께 멈춰 버린다는 것을 의미합니다.

차라투스트라는 살아있는 생명체에서 3가지 삶의 본성을 발견했다고 합니다.

"첫째 살아있는 모든 생명체는 복종하는 자다."

인간은 복종하는 자입니다. 나 자신에 대한 복종도 있고 나보다 힘이 강한 자에 대한 복종도 있습니다. 외부에 복종하지 않고 나에게 복종하는 자는 자신의 삶을 살아가는 사람입니다. 외부의 권위나 사람들이 만든 가치, 규율에 의지하는 삶이 아닌 자신만의 가치로 살아가는 것입니다. 명령하는 자인 동시에 자신의 명령에 복종하는 자입니다.

그러나 대부분의 삶은 자신에게 복종하지 못하고 타인에게 복종합니다. 그래서 명령하는 자가 되지 못하고 명령받는 자가 되는 것입니다. 이것이 차라투스트라가 발견한 두 번째 삶의 본성입니다

"둘째 자신에게 복종할 수 없는 자는 타인의 명령을 받는다."

나 자신에게 복종하지 못하는 인간은 타인의 지배를 받아야 합니

다. 자신의 명령을 받기 위한 자는 외롭고 힘겨운 자기 극복의 과정을 겪습니다. 그러나 이런 도전과 외로움을 모두가 극복할 수 있는 것은 아닙니다. 자신에게 복종하는 자만 가능합니다.

타인의 명령을 받는 자는 세계를 보는 시각, 자신에게 중요하게 여겨지는 것에 대한 판단, 도덕의 가치를 자신이 결정하지 못합니다. 계속 주변의 눈치를 봐야 합니다. 타인에 의해 강요된 가치가 자신의 가치보다 더 중요하기 때문입니다. 내 삶에 명령을 내리는 자가 타인인 것입니다.

이것이 강요된 삶을 살아가는 우리의 모습입니다. 몸 크기가 모두 다른 사람들에게 세상은 동일한 옷을 강요합니다. 대부분의 사람은 맞지도 않는 불편한 옷을 입고 살고 있는 것입니다. 어느 순간이 되면 그것이 내 몸에 맞는 것이라고 생각하게 됩니다. 외부에서 강요한 가치인데도 말입니다. 하늘에서 우리들이 살아가는 모습을 본다면 어떨까요? 똑같은 옷을 입은 모든 사람들이 수천 개의 길 중에서 하나의 길로만 가려고 합니다. 하나의 길에만 너무 많은 사람들이 몰리다 보니 걸어가는 과정도 쉽지 않습니다. 서로 치고 박고 다투고 넘어트리고 미워하고 난리도 아닙니다. 중세의 시인 단테가 『신곡』에서 묘사한 지옥의 모습과 크게 달라 보이지 않습니다. 이미 우리는 이 세상을 지옥같이 여기고 있습니다.

그런데도 복종하는 삶을 선택하는 것은 그것이 편하고 안전하기 때문입니다. 명령하는 자의 삶은 상대적으로 어렵고 험난합니다. 타인의 짐까지 짊어지고 가야하기 때문입니다. 때론 자신의 모든 것을 걸어야 하는 승부수를 던지기도 해야 합니다. 이런 어려움 때문에 많은 사람들은 타인의 복종을 받아들이며 살아가는 것입니다 이것이 차라투스트라가 발견한 세 번째 삶의 본성입니다.

"셋째 명령하는 것이 복종하는 것보다 어렵다. 명령하는 자는 복종하는 자들의 모든 짐을 짊어지기도 하지만, 이 짐으로 인해서 쓰러지지는 않는다. 모든 명령에는 시도와 모험이 따르며, 명령을 할 때 언제나 자신의 목숨을 거는 도박을 하기 때문이다. 자기 자신에게 명령할 때조차 그렇다."

명령하는 자는 위험을 무릅써야 합니다. 복종하는 자들을 이끌고 가려면 정확한 판단과 문제해결 능력이 있어야 합니다. 결단을 해야 하고 결과에 책임을 져야 합니다.

역사가 위대하게 평가하는 영웅들은 매 순간 결단을 내려야 했고, 새로운 모험을 감행해야 했습니다. 때문에 항상 위험에 노출되어 있었고 목숨이 위험했습니다. 그러나 영웅들은 역사를 만들었습니다. 마케도니아의 알렉산더 대왕, 로마 제국의 카이사르, 프랑스의 나폴레옹 그리고 조선의 이순신 장군 같은 사람들이 대표적인 인물들입니다.

진리를 향한 의지, 알려고 하는 의지 또한 힘의 의지입니다. 우리는 알고자 하는 의지를 갖고 있습니다. 인생은 자신의 진리를 찾아가는 여행입니다. 불확실한 미래를 위해, 더 가치 있는 삶을 위해 진리를 찾습니다. 책을 보고 새로운 곳을 찾아가며 다양한 도전을 하는 것도 그런 이유입니다.

이렇듯 우리는 지식의 욕구를 통해 새로운 사실을 얻고 지혜를 배우곤 합니다. 이러한 의지 또한 다른 사람보다 더 많은 지식과 경험의 힘을 가지려는 힘의 의지입니다. 인간관계에서 많이 아는 사람이 모임을 주도하는 것도 지식이라는 힘의 차이에서 비롯된 것입니다.

힘의 의지는 상승하려는 의지이며 그 이상의 것에 도달하려는 의지입니다. 현재 상태를 유지하는 것이 아니라 극복하고 성장하려는 의지입니다. 삶을 무겁게 하고 변화를 저해하는 많은 저항들을 극복하는 의지가 힘의 의지입니다.

차라투스트라는 계속 힘의 의지에 대해 설명합니다.

"보라 나는 항상 스스로를 극복해야 한다. 그대들은 이것을 살아가는 의지, 목적을 향한 충동, 더 높고 더 멀고 더 다양한 것을 향한 충동이라고 부른다. 그러나 이 모든 것은 하나이며, 동일한 비밀이다. 나는 이 하나를 단념하기보다는 오히려 몰락하기를 바란다. 몰락이 일어나고 낙엽이 질 때 보라, 그때 삶은 자신을 희생한다. 힘을 위해서!

내가 무엇을 창조하든 그리고 그것을 얼마만큼 사랑하든 나는 곧
내가 창조한 것과 그 창조한 것에 대한 나의 사랑에 대한 적이 되어
야 한다. 나의 의지는 이것을 원한다."

가을이 되면 나무들은 아름다운 단풍을 선물합니다. 우리가 누리
는 단풍의 호화로운 사치 뒤에는 겨울에 힘을 비축하기 위한 나무들
의 의지가 있습니다.

나무는 기온이 내려가고 낮이 짧아지면 낙엽으로 가는 수분을 차
단합니다. 그래서 초록색 나뭇잎이 빨강, 노랑으로 변하는 것입니다.
단풍잎은 겨울이 오기 전에 모두 떨어집니다. 앞으로 닥칠 눈보라와
추운 날씨를 견디기 위해 자신의 일부를 희생하는 것입니다. 자신의
힘을 저장하기 위해서입니다. 다음에 돌아올 봄을 위해서 말입니다.
나무의 극복하는 의지가 또 한 해를 살아가게 하는 힘의 의지입니다.

겨울에 혹독한 추위와 눈보라의 저항을 극복하는 나무와 꽃들. 거
센 물줄기의 저항을 극복하고 거꾸로 올라가는 연어들. 딱딱한 바위
사이에 뿌리를 내리고 절벽에 홀로 서있는 소나무. 돌과 자갈만이 존
재하는 척박함을 극복하고 밭을 일구어내는 농부. 인간을 허락하지
않는 히말라야의 봉우리를 올라가는 산악인들. 전진을 허락하지 않는
거센 파도의 저항과 사투를 벌이며 앞으로 나가는 선원들처럼 저항을
극복하는 자연과 인간의 모습은 위대하고 감동적입니다.

자기 극복을 위해서는 변신하는 몰락의 과정을 거쳐야 합니다. 현

실에 안주하고 편안함을 추구하는 삶에서는 힘의 의지를 통한 자기 극복이 일어나지 않습니다.

세상이 강요하는 가치, 남들이 옳다고 하는 진리의 폭력을 의심할 때 우리를 둘러싸고 있는 강력한 알과 껍질을 깰 수 있는 힘의 의지가 생깁니다. 자기를 극복하지 못하는 인간은 타인이 강요한 가치라는 허물을 뒤집어쓰고 살아가는 뱀과 같습니다. 허물을 벗지 못하는 뱀은 죽을 수밖에 없습니다. 외부의 명령과 가치에 의지하는 삶의 허물을 벗어야 새로운 내가 되는 것입니다.

니체에게 모든 가치의 원천은 힘의 의지입니다. 니체에게 선악을 구분하는 절대 도덕, 모든 것이 옳다는 절대 진리는 존재하지 않습니다. 니체에게는 기존의 낡은 가치를 파괴하고 새로운 가치를 창조하는 것이 중요합니다. 니체에게 최고로 옳은 것은 바로 창조하는 것입니다.

인간은 자신을 넘어야 합니다. 자신을 막고 있는 커다란 현실이라는 벽, 자유를 속박하는 쇠사슬, 자신을 둘러싸고 있는 세상의 가치라는 울타리. 이런 것들이 인간의 성장과 발전을 막고 있는 외부의 거대한 힘들입니다.

살아있는 모든 것에는 힘의 의지가 존재합니다. 우리 모두는 힘의 의지가 있습니다. 내가 지금 처한 현실이 힘들더라도 그것을 넘을 수 있는 힘의 의지가 있습니다. 강한 힘의 의지로 그것을 넘을 때 우리는 한 단계 더 성장하는 것입니다.

나의 힘의 의지가 삶을 상승시키는 건강한 의지인지 아니면 삶을 하강시키고 현실에 안주하려는 의지인지 생각해봐야 합니다. 건강한 힘의 의지는 항상 자신을 극복하려 합니다. 삶의 어두운 터널에서도 포기하지 않고 탈출구를 찾으려는 것도 건강한 힘의 의지가 있기 때문입니다.

건강하고 강한 힘의 의지를 가진 사람을 정확하게 표현한 노래가 있습니다. 가수 인순이씨가 부른 〈거위의 꿈〉입니다. 노래 가사의 주인공은 세상의 비웃음과 걱정을 극복하고 자신의 꿈을 이루려는 건강한 힘의 의지로 가득 차 있습니다. 노래의 가사처럼 힘의 의지가 충만할 때 운명의 벽에 당당히 맞서 결국에는 그 벽을 넘게 되는 것입니다. 자신의 꿈을 향해서 말입니다.

2

허무주의를 극복하다

신이 죽은 세상에 허무주의가 들이닥치다

신은 죽었습니다. 인간들이 믿고 의지하는 절대 가치가 사라진 것입니다. 신이 존재하는 세상에서 인간은 탄생의 비밀과 존재 이유를 알 수 있었고, 삶의 의미와 방향을 정할 수 있었으며, 옳고 그름에 대한 가치를 판단할 수 있었습니다. 그런데 신의 죽음으로 삶의 기준이 사라졌습니다. 삶의 기준이 사라지면 가장 먼저 밀려오는 감정이 불안입니다. 방향을 잃은 돛단배가 망망대해를 표류할 때 선원들이 공포와 불안에 휩싸이는 것처럼 말입니다. 신을 받들며 구원을 기대하던 인간이 이제 신의 죽음으로 모든 희망이 없어졌다는 것을 알았을 때 삶은 무가치해지고 무의미해집니다. 허무주의에 빠지는 것입니다.

우리는 이미 미친 사람의 입을 통해 신이 죽었다는 얘기를 들었습니다. 신이 죽은 세상에 닥쳐온 허무주의의 모습을 니체는 『즐거운 학문』에서 아래와 같이 표현했습니다.

"태양으로부터 이 대지를 떼어낸 우리, 무슨 짓을 한 것이지? 대지는 지금 어디로 향하고 있는 것이지? 우리는 지금 어느 곳으로 향하고 있는 것이지? 태양으로부터 떨어져 나가고 있는 지금, 우리는 추락하고 또 추락하고 있지 않은가? 뒤로 옆으로 앞으로 사방팔방으로? 아직도 위가 있고 아래가 있는가? 우리 지금 광대무변한 공허 속에서 길을 잃은 채 헤매고 있지 않은가? 공허가 한숨을 내쉬고 있지 않은가? 한파가 몰아닥치고 있지 않은가? 밤이, 더욱 깊은 밤이 오고 있지 않은가? 정오를 앞둔 대낮인데도 등불을 켜야 하지 않은가?"

신이 사라진 세상은 태양이 사라진 세상입니다. 인간은 방향을 잃고 추락하고 또 추락합니다. 갑자기 한파가 몰아닥칩니다. 더욱 깊은 밤을 경험하며 정오의 시간에도 등불을 켜야 합니다. 절대 권위인 신이 죽으면서 인간 세상에 허무주의가 들이 닥쳤습니다.

인간의 본능은 자신보다 강하고 믿을 수 있는 무언가에 의지합니다. 회사, 학교 같은 조직에서 요구하는 목표와 규칙을 기꺼이 따르는 것도 그런 이유입니다. 그래서 조직 속으로 들어가려고 하는 것입니다. 친한 친구끼리 무리를 만들어 다니는 것도 비슷한 경우입니다.

친구의 무리도 하나의 작은 조직입니다. 친구들과 함께 해야 정보도 얻고, 같이 놀러 다닐 수도 있고, 더 힘센 친구가 위협할 때 도움을 청할 수 있습니다.

그러나 자기가 속한 조직이 많은 것을 구속할 때 문제가 생깁니다. 그럴 때 조직으로부터 탈출을 꿈꾸지만, 실행에 옮기는 사람들은 많지 않습니다. 스트레스로 인해 잠도 못자고 가슴이 답답해도 조직의 울타리를 벗어나지 못합니다. 친구들의 무리에서 이탈하면 따돌림을 받을 수도 있습니다. 회사를 그만두면 사회의 지위와 수입을 잃습니다. 넘어야 할 현실의 벽이 너무 큰 것입니다.

그런데도 사슬을 과감히 끊어버린 용감한 사람들이 있습니다. 조직의 권위와 가치에 더 이상 기대지 않고 용기 있게 울타리 밖으로 나온 사람들입니다.

처음에는 자유인이 되어 짜릿한 해방감과 새로운 희망을 맛봅니다. 그러나 차츰 시간이 지나면서 조직의 일원으로 가졌던 지위와 수입, 또는 친구들을 생각하며 지금의 삶이 텅 비어있는 것 같은 느낌을 가집니다. 무리 속에 있던 예전을 그리워하며 허무주의를 느끼는 것입니다.

누구나 소중하게 생각하는 가치가 있습니다. 그 가치가 인생의 목표가 됩니다. 중·고등학생들은 명문대 입학이라는 가치에, 대학생들은 대기업 취직이라는 가치에 목표를 두고 있습니다. 어른이 되면 많은 사람들이 돈의 가치에 자신의 인생을 겁니다. 삶의 목표를 향해 열심히 달려도 시시각각 허무주의의 공포가 찾아옵니다. 가끔씩 내가 잘 사는 것인지? 목표에 이를 수 있는 것인지? 내 미래는 화려한 장밋빛일지, 어두운 회색빛일지 계속 의심합니다. 답을 찾아보려 하지만 대부분 공허한 메아리만 들을 뿐 고민만 더 깊어집니다.

그래서 인간은 인간을 뛰어넘는 절대 존재에 의존합니다. 신의 힘을 믿는 것입니다. 기도를 위해 높은 절에 오르는 것, 중요한 일을 앞에 두고 점을 보러 가는 것, 100일 동안 기도하는 것들이 이러한 심리에서 나오는 행동입니다. 그러나 이러한 것도 결국에는 인간이 만든 것입니다. 열심히 기도했지만 기대와 다른 결과가 나왔을 때 더 큰 공허함과 절망을 경험하게 됩니다.

허무주의는 피할 수 없는 현실이다

니체는 허무주의가 닥치는 현실을 피해갈 수 없다고 했습니다.

중세 봉건 사회가 쇠퇴하면서 등장한 유럽의 근대 사회는 종교, 철학, 과학에서 예술까지 거의 모든 분야에 허무주의 현상이 널리 퍼져 있었습니다.

절대 세계였던 신에 대한 믿음이 흔들리면서 삶에 대한 구원을 의심했고, 절대 도덕에 의문을 갖습니다. 기존 가치관이 흔들렸습니다. 수천 년 동안 지구가 우주의 중심이라고 믿었던 절대 믿음이 코페르니쿠스의 등장으로 무너지기 시작했습니다. 우주의 중심이라고 믿었던 지구는 여러 별 중의 하나로 인식되었고, 신이 선택하고 창조한 인간은 거대한 우주 속에서 먼지와 같은 미미한 존재가 되었습니다.

진화론의 등장은 인간 세계에 더욱 충격을 가했습니다. 인간이 신의 창조물이라는 기존의 절대 진리를 뒤흔든 것입니다. 결국 인간도 자연 속에서 살아가는 하나의 동물이 되어버린 것입니다.

한 시대에서 새로운 시대로 변하는 사회에는 어김없이 허무주의가 찾아옵니다. 새로운 시대는 새로운 가치를 요구하기 때문입니다. 기존 가치의 붕괴는 지금까지의 목표와 의미를 혼란하게 만듭니다. 이러한 혼란이 결국 허무주의를 만드는 것입니다.

기존 가치가 붕괴되는 시점에서 찾아오는 허무주의를 극복할 수 있는 최선의 방법은 새로운 가치를 창조하는 것입니다. 그러나 이 과정은 어렵습니다. 기존의 것을 버리기도 어렵고 새로운 것을 만들기도 어렵습니다. 그래서 새로운 가치 창조는 몰락과 붕괴의 고통, 오랫동안의 기다림과 함께 합니다.

역사에서 세상이 변하는 지점에 위치한 민중들은 엄청난 허무의 고통과 인내의 아픔을 경험했습니다. 하지만 이러한 아픔과 고통의 과정을 통해 역사가 발전하고 새로운 세상이 만들어졌다는 것은 명백한 사실입니다.

우리 민족은 36년간 일본으로부터 치욕적인 압제를 받았습니다. 그리고는 1945년 8월 15일 해방을 맞이했습니다. 사람들은 태극기를 들고 거리로 나와 대한독립만세를 외쳤고, 저마다 감격의 눈물을 흘렸습니다. 온 세상이 기대와 희망으로 넘쳐났습니다.

그러나 해방의 기쁨도 잠시였습니다. 힘 없는 우리나라는 강대국의 힘에 이리저리 흔들렸습니다. 국민들은 좌익과 우익으로 분열되었고, 결국 대한민국은 두 개의 나라로 쪼개졌습니다. 두 이념으로 쪼개진 대한민국은 민족 전쟁이라는 역사상 최악의 결과를 만들었습니다. 그 토록 열망했던 해방은 몇 년 만에 상처와 슬픔, 잿더미만을 남기게 됐습니다. 부모 형제의 죽음, 이념 갈등에 의한 상처, 생활 기반의 상실은 우리 민족에게 완전한 허무주의의 비극을 남겼습니다.

니체가 살았던 19세기는 정치, 경제적으로 엄청난 변화의 시기였습니다. 19세기 유럽 사회에 가장 큰 영향을 준 것은 18세기 후반 파리에서 발생한 프랑스 대혁명입니다. 프랑스 대혁명은 절대 권위의 상징이었던 왕권을 무너뜨리고 시민들이 국가의 중심으로 등장한 세계 역사상 몇 손가락 안에 드는 중요한 사건입니다. 절대 왕이었던 루이 16세와 강력한 오스트리아 합스부르크 왕가 출신의 왕비 마리 앙투아네트의 목이 파리 시민들에 의해 잘려나갔습니다. 파리 시민들은 자유와 평등이라는 새로운 가치를 희망했습니다. 그러나 혁명 기득권 세력들 간의 권력싸움으로 사회는 더 혼란해졌습니다. 혼란을 잠재우고 프랑스에 새로운 희망으로 등장한 나폴레옹도 결국 황제의 관을 쓰면서 프랑스를 혁명 이전의 왕권 시대로 다시 되돌려 놓았습니다.

두 가지 역사적 사례를 봤을 때 기존의 권위와 가치가 무너지고 새로운 가치가 등장할 때 세상은 혼란스럽고 사람들은 허무를 경험합니다.

인간의 삶과 역사는 매 순간 변화와 혼란을 경험합니다. 이러한 변화의 지점에서 허무주의가 피할 수 없는 현실이라면, 허무주의를 어떻게 받아들여야 할까요? 어떻게 하면 허무의 감정을 극복할 수 있을까요?

허무주의를 극복하고 새로운 가치를 창조하다

허무주의에는 소극적 허무주의와 능동적 허무주의가 있습니다. 소극적 허무주의는 허무주의와 적극적으로 맞설 수 없는 사람들의 허무주의입니다. 이런 사람들은 허무에 의지하게 됩니다. 니체가 한때 철학적 스승이라 불렀던 쇼펜하우어의 염세주의와 불교의 허무주의가 소극적 허무주의의 대표입니다.

쇼펜하우어와 불교는 인생을 고통으로 보았습니다. 끝없는 인간의 욕망이 인간을 고통에 이르게 한다는 입장입니다. 욕망은 충족될 수 없기 때문에 인간은 영원히 불행할 수밖에 없다는 것입니다.

쇼펜하우어는 고통스런 이 세계를 존재할 수 있는 세계 중 최악의 세계라고 했습니다. 태어나지 않는 것이 최고로 복된 일이고 바로 죽는 것이 두 번째로 좋은 것이라는 실레노스의 충고처럼 말입니다.

쇼펜하우어는 욕망을 억제해야 고통에서 벗어날 수 있다고 보았습니다. 즉 금욕의 노력만이 인간을 고통에서 구제할 수 있다고 생각한 것입니다. 불교 사상의 핵심 교리 또한 욕망의 집착을 끊어내야 고통에서 해방된다고 했습니다.

쇼펜하우어가 세상을 비관적으로 보는 것에 반해 니체는 세상을 긍정적인 곳, 상승하는 곳으로 바라보았습니다.

니체 철학은 극복하는 것입니다. 삶을 긍정하는 것입니다. 따라서 의지를 부정하고, 허무에 의지하려는 수동적 허무주의는 니체가 지향하는 바가 아닙니다.

니체가 대처하는 허무주의는 고통을 극복하려는 능동적 허무주의입니다. 니체는 삶을 긍정하고 내적으로 건강한 인간을 추구합니다. 기존에 가지고 있던 믿음이 붕괴하더라도 좌절하지 않고 새로운 가치를 창조하는 사람들, 고통에서조차 상승의 의미를 발견하는 사람들, 저항에 맞서는 힘의 의지가 충만한 사람들이 니체가 말하는 건강한 인간, 즉 초인입니다. 초인이 대처하는 허무주의가 바로 능동적 허무주의입니다.

우리나라가 전쟁의 폐허에서 이뤄낸 기적 또한 능동적 허무주의의 결과입니다. 모든 것이 파괴된 절망의 끝에서 새로운 희망을 만들어 낸 것입니다.

능동적 허무주의는 기존의 낡은 가치를 과감히 버리고 새로운 가치를 창조할 수 있는 새로운 기회입니다.

인간은 자신의 삶이 더 떨어질 수 없는 바닥으로 침몰했을 때 깊이 절망합니다. 나에게 왜 이런 일이 닥쳤을까 한탄하기도 합니다. 그러나 역설적으로 완전한 나락으로 추락했을 때 새로운 반등의 기회가 찾아옵니다. 길을 잃었을 때 우리는 비로소 다른 길을 찾아 나서기 시작합니다. 사회적 지위를 잃었을 때 비로소 쓰고 있는 가면을 벗고 진짜 나를 찾으려 합니다. 이야기할 상대가 하나도 없을 때 나 자신과 대화를 시작합니다. 절망의 끝에 섰을 때 비로소 진실한 나 자신과 마주하고 새로운 세상으로 고개를 돌리기 시작합니다. 그래서 인생은 알 수 없는 것입니다.

니코스 카잔차키스의 소설 『그리스인 조르바』에서 광산업을 하는 주인공은 모든 것이 완전한 실패로 끝났을 때 오히려 진정한 자유와 행복을 경험했다고 합니다.

"나는 모든 것을 잃었다. 돈, 사람, 고가선, 수레를 모두 잃었다. 우리는 조그만 항구를 만들었지만 수출할 물건이 없었다. 깡그리 날아가 버린 것이었다. 그렇다. 내가 뜻밖의 해방감을 맛본 것은 정확하게 모든 것이 끝난 순간이었다. 엄청나게 복잡한 필연의 미궁에 들어 있다가 자유가 구석에서 놀고 있는 걸 발견한 것이다. 나는 자유의 여신과 함께 놀았다.

모든 것이 어긋났을 때, 자신의 영혼을 시험대 위에 올려놓고 그 인내와 용기를 시험해보는 것은 얼마나 즐거운 일인가! 보이지 않는 강력한 적이 우리를 쳐부수려고 달려오는 것 같았다. 그러나 우리는 부서지지 않았다.

외부적으로는 참패했으면서도 속으로는 정복자가 되었다고 생각하는 순간 우리 인간은 더할 나위없는 긍지와 환희를 느끼는 법이다. 외부적인 파멸은 더 높은 행복으로 바뀌는 것이었다."

니체가 『인간적인 너무나 인간적인』에서 하는 얘기도 들어보죠.

"만일 삶이 어느 순간 강도로 돌변해서 명예, 기쁨, 애인, 건강 같
은 온갖 소유물을 빼앗아 버렸을 때, 사람들은 아마도 처음의 그 경
악이 가라앉고 나면 자신이 전보다 오히려 '더욱 풍요로워졌다'는
사실을 알게 되리라. 왜냐하면 강도의 손길이 미치지 않는 진정한
자기 소유물이 무엇인지를 비로소 똑똑히 알게 되기 때문이다. 그
리하여 아마도 사람들은 그 약탈과 혼란의 와중에서 대지주의 품위
를 지니고 빠져 나오게 될지도 모른다."

그래서 허무주의는 절망과 좌절인 동시에 새로운 희망과 기회인 것
입니다. 허무주의는 인간에게 불행만 가져다주지 않습니다. 진정한
자유와 진짜 내 것을 찾을 수 있는 기회가 될 수도 있습니다.

니체는 살아있는 모든 것에 힘을 향한 의지가 있다고 했습니다. 저
항을 극복하는 의지입니다. 허무주의는 우리의 삶을 무겁게 하는 하
나의 저항입니다. 니체의 표현으로는 중력의 악령입니다. 허무에 굴
복하지 않고 상승하려는 건강한 힘의 의지는 고통의 경험을 새로운
기회로 만들 수 있습니다.

인간의 삶은 불완전합니다. 우주와 자연이 항상 변하듯이, 우리의

인생도 변합니다. 화창한 날이 있으면 폭풍우가 몰아치는 날도 있습니다. 밤이 오면 낮이 오고, 달이 차면 기울기 마련입니다.

우리 인생도 그렇습니다. 정도의 차이와 받아들임의 차이만 있을 뿐입니다. 한 없이 행복한 날만 반복된다면 얼마나 좋겠습니까. 그러나 그런 인생은 없습니다. 좋은 날이 있으면 불행한 날도 있고, 기쁜 날이 있으면 슬픈 날도 있는 것이 인생입니다.

허무주의는 누구도 피해갈 수 없습니다. 살다보면 내가 믿었던 사람에게 배신을 당하기도 하고 가족에게 외면당할 수도 있습니다. 내 인생을 영원히 책임저 줄 절대 힘은 존재하지 않습니다. 내가 홀로 설 힘이 있어야 합니다.

허무주의는 현실입니다. 그러나 그것을 극복하는 순간 우리에게 새로운 세상이 열릴 것이며 인생의 안개가 걷힐 것입니다.

바닥으로 추락한 절망의 허무주의 상태에서도 살아야 하는 게 우리의 인생입니다. 세상 사람들은 다 행복해 보이고 나만 불행한 것 같은 순간에도, 그리고 세상에 홀로 남겨진 듯한 추운 겨울날의 외로움에도 삶을 긍정할 수 있어야 합니다.

바닥으로 추락했을 때조차 다시 튀어 오르고 말겠다는 삶의 의지를 가지고 있으면 어떠한 허무주의도 극복할 수 있습니다. 허무주의를 극복하는 순간, 새로운 가치를 창조하는 나 자신을 발견할 수 있습니다.

3

영원히 반복되는 삶을 긍정하라

똑같은 삶이 영원히 반복된다면?

어느 날 깊은 고독을 즐기고 있는 여러분에게 악마가 살며시 다가와 다음과 같이 속삭인다면 어떻게 하겠습니까?

"너는 현재 살고 있고, 지금까지 살아왔던 이 삶을 다시 한 번 살아야 한다. 또한 무수히 반복해서 살아야만 할 것이다. 거기에는 전혀 새로운 것이 없을 것이고, 모든 기쁨과 슬픔, 행복과 고통, 함성과 탄식, 너의 삶에서 크고 작은 일들이 계속 되풀이된다. 모든 것이 똑같은 차례와 순서로 말이다. 주변 자연과 네가 바라보는 풍경, 지금의 이 순간까지도 그리고 너 자신도, 모래시계가 계속해서 다시 뒤집혀 세워지듯이 반복될 것이다."

『즐거운 학문』의 내용입니다. 내가 살고 있는 현재의 삶을 그리고 지금까지 살아온 삶을 또 다시 살아야 한다고, 그것도 한 번이 아니라 영원히 반복해야 한다고 악마가 여러분에게 속삭인다면 어떤 느낌이 들까요?

'좋아요! 나는 내 삶에 너무나 만족해요. 또 살고 싶어요. 오! 삶이여 다시 한 번'이라고 외칠 건가요? 아니면 '지금 사는 것도 지겨워 죽을 것 같은데 똑같은 삶을 영원히 살아야 한다고요? 그건 내가 지금까지 들었던 말 중에서 가장 끔찍해요. 차라리 나보고 죽으라고 하세요'라고 강하게 부정할까요?

지금의 삶이 계속 반복돼도 좋은가요? 아니면 듣기만 해도 너무 끔찍한가요? 지금의 내 삶은 즐겁고 기쁜가요? 아니면 지루하고 재미없나요?

세상만물도, 인간의 삶도 똑같은 것이 영원히 반복된다는 것이 니체의 영원회귀 사상입니다. 영원회귀 사상에서 인간은 지금까지 살아온 삶을 앞으로도 영원히 반복해야 합니다.

지금의 삶과 지금까지 살아온 나의 삶을 생각해봅시다. 매일매일 특별한 것이 없는 무기력하고 권태로운 삶이었나요? 사는 것이 재미없는 사람들에게 영원회귀는 가장 끔찍한 고통입니다. 지금의 삶이 똑같이 그리고 영원히 반복된다는 것을 아는 순간 삶의 모든 의미를 잃어버립니다. 내 삶에서 더 이상 새로울 것이 없다는 생각은 가장 고통스런 허무주의가 됩니다.

그러나 하루하루가 기쁘고 재미있는 사람들에게 반복되는 삶은 거대한 선물입니다. 끝내기 역전 홈런을 치는 야구 선수, 서로의 손을 잡고 노을이 지는 황금빛 하늘에 감동하는 연인, 세상 가장 높은 곳에 올라선 산악인, 처음으로 사탕의 달콤함을 경험한 아기 등 현재의 삶이 영원히 반복되기를 원하는 사람들의 모습입니다. 이러한 사람들에게는 악마의 속삭임은 재앙이 아닌 축복입니다.

니체가 영원회귀 사상을 떠올린 것은 바젤 대학 교수직을 그만두고 스위스 엥가딘에 머물고 있을 때였습니다. 1881년 8월 지상으로부터 1,800미터 높이에 있는 실바 플라나 호숫가를 거닐고 있을 때 피라미드처럼 생긴 거대한 바위 옆에서 영원회귀 사상이 떠올랐다고 고백했습니다.

총 4부로 되어있는 『차라투스트라는 이렇게 말했다』는 3부에서 주로 영원회귀 사상을 다루고 있습니다.

"만물은 다가와서 손을 내밀고 웃다가는 달아난다. 그리고 다시 돌아온다. 모든 것은 가고, 모든 것은 되돌아온다. 존재의 수레바퀴는 영원히 굴러간다. 모든 것은 죽고, 모든 것은 다시 꽃 피어난다. 존재의 세월은 영원히 흘러간다.

모든 것은 꺾이고, 모든 것은 새로이 이어진다. 존재의 동일한 집이 영원히 세워진다. 모든 것은 헤어지고, 모든 것은 다시 인사를 나눈다."

모든 것은 영원히 돌고 돌아 제자리로 옵니다. 인생은 회전목마라는 노래도 있듯이, 우리의 삶은 올라갔다 내려갔다를 반복하면서 어디론가 가고 있는 것 같지만 결국 자기가 떠난 자리로 다시 돌아옵니다.

우리의 삶은 돌고 돌아 제자리로 왔다가 또 다시 떠나기를 반복하는 회전목마입니다. 돌고 돌아 제자리로 오는 삶을 누구는 축복으로, 누구는 재앙으로 받아들입니다. 회전목마가 누구에게는 재미있는 놀이가 되고 누구에게는 지루한 것이 되는 것처럼 말입니다.

회전목마 위에 앉은 아이들은 즐거워 어쩔 줄 모릅니다. 백마 탄 왕자가 되고, 마차에 오른 공주가 됩니다. 어떤 아이는 말을 타고 하늘을 날아갑니다. 어떤 아이는 나라를 구하고 돌아오는 개선장군이 됩니다. 회전목마가 멈추면 모두 약속한 것처럼 '한 번 더'를 외칩니다. 하지만 회전목마 위에 앉은 어른들, 특히 아빠들의 표정은 완전히 다릅니다. 표정이 없습니다. 재미가 없기 때문입니다.

회전목마를 타는 아이와 아빠의 차이가 자신의 삶을 받아들이는 사람들의 상반된 모습입니다. 삶이 즐거운 사람들은 회전목마의 아이처럼 '한 번 더'를 외치지만, 그렇지 않은 사람들은 모든 것이 재미없고 지루하기만 합니다.

똑같은 것이 영원히 돌고 돌아 제자리로 돌아가는 삶에서 '그래, 한 번 더'를 외칠 수 있는 사람이 얼마나 있을까요?

같은 것이 반복되는 삶을 분명 지루합니다. 회전목마를 영원히 타야하는 아빠들의 모습을 상상하면 영원회귀가 얼마나 끔찍한지 알 수 있습니다. 이러한 삶은 우리를 허무주의의 가장 끝으로 몰아갑니다.

똑같은 것이 반복되는 삶에서 의미를 찾는다는 것은 정말 어렵습니다. 입에서 녹는 한우 숯불구이나 특급 호텔의 코스 요리도 영원히 먹어야 한다면 얘기가 달라집니다. 최고의 음식이 기쁨이 아니라 고문이 됩니다. 아무리 비싼 명품 옷도 매일 그 옷만 입어야 한다면 그 옷은 곧 천덕꾸러기가 됩니다.

모든 사람들은 새로운 것을 원합니다. 매일 같은 음식을 먹고, 같은 옷을 입어야 하는 인생은 재미없기 때문입니다. 그래서 같은 것이 영원히 반복되는 삶은 가장 커다란 권태이며, 무거운 짐이 됩니다.

자연은 새로 생겼다가 사라집니다. 사라졌다가 또 다시 생깁니다. 깻잎 밭에 풀을 뽑아도 그 자리에 다시 생기고 또 뽑혀서 없어집니다. 계속 반복되는 것입니다. 봄에 꽃이 피고 여름의 태양이 대지를 달구고, 가을에는 낙엽이 붉어지고 겨울에는 모든 것이 얼어붙습니다. 그리고 또 반복합니다. 밀물과 썰물 낮과 밤 초승달과 보름달 모든 것이 영원히 반복합니다.

인간의 삶도 자연과 비슷합니다. 새로운 곳으로 열심히 달려가는 것 같지만 결국 제자리로 돌아옵니다. 머리 모양과 머리색을 바꿔도 몇 달 후에는 예전 모습으로 다시 돌아갑니다. 심심한 일상에서 벗어나기 위해 여행을 떠나지만 다시 집으로 돌아오고 예전의 지루한 삶으로 돌아갑니다. 사람들은 새로운 삶을 원하고 변화를 시도하지만 결국에는 반복되는 삶을 살아갑니다.

같은 공간 안에서 영원히 돌아가는 시계 바늘처럼 우리의 삶도 동일한 공간 안에서 계속 돌아갑니다. 아침이면 매일 같은 시간으로 맞춰진 알람소리에 일어나 같은 곳으로 볼일을 보러 갑니다. 낮에는 공부를 하거나 일을 하고, 해가 지면 집으로 다시 돌아옵니다. 저녁을 먹고, 차를 마시고, 텔레비전을 보거나 책을 읽다 잠자리에 듭니다. 다음날도 또 그 다음날도 비슷한 삶을 반복합니다.

새해가 되면 새로운 마음가짐을 갖습니다. 각자 새로운 결심을 합니다. 지난해와 다른 삶을 살아보려는 의지입니다. 아빠는 술 적게 마시기, 담배 끊기, 학생들은 스마트폰 하는 시간 줄이기, 엄마는 살 빼기 이런 것들이 새해 목표가 됩니다. 새해 첫날의 굳은 결심은 대부분 며칠 안에 무너집니다. 그리고는 예전의 모습으로 다시 돌아갑니다. 우리 삶을 주의 깊게 살펴보면 계속 반복되는 것을 알 수 있습니다.

어찌 보면 우리의 삶도 열심히 쳇바퀴 안에서 돌고 있는 다람쥐와 같습니다. 친구에게 '뭐 새로운 거 없어?', '뭐 재밌는 거 없어?'라고 물어봐도 그 친구라고 특별한 것이 있을 리 없습니다. 그래서 만나는 사람들마다 사는 게 재미없고, 지루하다고 한숨 쉬는 것입니다.

그래서 사람들은 앞날에는 무언가 달라질 것이라고 기대합니다. 오늘의 태양보다 내일의 태양이 더 멋있을 것이라고 믿는 것입니다.

좋은 대학에 가면 행복해지겠지, 넓은 집으로 이사 가면 우리 가족은 더 화목해지겠지, 승진한다면, 연봉이 오른다면, 더 날씬해진다면 등등 이러한 모든 것이 인생의 관점을 앞날에 두는 생각들입니다.

미래에 대한 목표를 가지고 사는 것은 물론 좋은 것입니다. 하지만 문제는 미래의 행복을 위해 현재의 가치를 보지 못하는 것입니다. 현재의 가치를 무시하는 사람들이 기대했던 미래가 왔을 때 그것을 축복의 무지개라고 생각할까요? 아닙니다. 그때가 되면 또 다른 앞날을 기대하며 현재의 것에 큰 가치를 부여하지 않습니다.

니체의 영원회귀 사상이 터무니없게 들릴 수도 있습니다. 체코의 작가 밀란 쿤데라가 자신의 소설 『참을 수 없는 존재의 가벼움』에서 니체의 영원회귀는 신비롭고 우스꽝스러운 사상이며 많은 철학자들을 곤경에 빠트렸다고 쓴 것처럼 영원회귀는 아직도 전문가들 사이에서 많은 논쟁이 되고 있습니다. 불교의 윤회사상, 기독교의 천국과 지옥을 믿는 사람이 있는 반면에 믿지 않는 사람도 있습니다. 인간이 증명할 수 없는 모든 사상이 그렇듯 믿고 안 믿고는 그리 중요하지 않습니다. 철학가의 사상을 통해 더 가치 있는 삶을 진지하게 고민해 본다면 그것으로 의미가 있는 것입니다.

가장 무거운 삶의 무게, 영원회귀

니체는 『즐거운 학문』에서 영원회귀를 소개하는 글의 제목을 최대의 무게라고 했습니다. 똑같은 삶이 무한 반복되는 영혼회귀 사상은 나의 어깨를 누르는 삶의 무게 중에서 가장 무거운 짐이라는 것입니다. 바로 중력의 악령입니다. 인간의 삶을 무겁게 하여 날지 못하게 하는 것이 중력의 악령입니다. 중력은 사물을 땅으로 떨어뜨리는 힘입니다. 우리가 살아가면서 짊어지고 가는 여러 가지 삶의 무게들이 중력의 악령입니다. 우리의 어깨를 누르는 중력의 힘이 강할수록 인생길은 피곤합니다. 날아야 할 우리 인생이 점점 아래로 내려가는 것입니다. 인간은 누구나 높이 성장할 수 있는 잠재력과 개성을 가지고 있지만, 중력의 악령이 그것을 방해합니다. 별을 바라보지만 별을 따러 올라가기에는 삶이 너무 무거운 것입니다.

세상이 강요하는 가치와 도덕은 항상 내 삶을 무겁게 합니다. 거기에 끊임없는 욕망은 더욱 삶을 힘들게 하지요. 삶의 버거운 짐을 내려놓지 못하면 사막에서 길을 잃고 배회하는 낙타의 삶이 됩니다

중력의 악령에 적대적인 인간은 삶이 가볍습니다. 인생의 무게를 덜어냈기 때문입니다. 가벼워야 춤을 출 수 있고 더 멀리 날아갈 수 있습니다.

중력의 무게 중에서 가장 무거운 것이 영원회귀입니다. 똑같은 삶이 영원히 반복된다는 생각은 인간이 짊어지고 극복해야 할 가장 무거운 짐인 것입니다. 오늘의 삶이 내일도, 한 달 후에도, 1년 후에도 반복된다면 인생을 열심히 살아야 할 이유를 상실하게 되기 때문에 극심한 허무주의에 빠지게 됩니다.

영원회귀 사상이 삶의 가장 무거운 짐이라면, 짐을 덜어낼 수 있는 방법을 찾아야 합니다. 가장 무거운 영원회귀라는 배낭을 짊어지고 먼 길을 걸어갈 수는 없으니까요.

지금 이 순간에 충실하라

차라투스트라는 우리에게 던져진 가장 난해하고 고통스런 영원회
귀라는 무거운 짐을 덜어낼 수 있는 힌트를 줬습니다. 차라투스트라
는 중력의 무게를 극복하지 못해 작아진 난쟁이와 대화를 합니다.

"멈추어라 난쟁이여! 라고 내가 말했다. 나인가? 아니면 그대인
가? 하지만 우리 둘 중에서는 내가 더 강자다. 그대는 나의 가장 깊
은 사상을 알지 못한다! 너는 이 사상을 감당하지 못한다!

이 성문 입구를 보라 난쟁이여! 이 출입구에는 두 개의 얼굴이 있
다. 두 개의 길이 여기서 만난다. 아직까지 이 두 길을 끝까지 가본
사람은 아무도 없었다.

우리 뒤쪽으로 뻗은 이 기나긴 오솔길, 이 길은 영원으로 이어진
다. 그리고 밖으로 뻗은 저 기나긴 오솔길, 그것 또한 하나의 영원
이다.

이 두 길은 서로 모순된다. 그것들은 서로 정면으로 부딪힌다. 그
리고 여기, 이 성문에서 두 길이 만난다. 이 성문의 위쪽에 '순간'이
라는 이름이 쓰여 있다."

우리는 영원한 두 개의 길 위에 서 있습니다. 하나의 길은 우리가 살
아온 길, 또 다른 길은 우리가 살아갈 길입니다. 우리는 '순간'이라는
바로 이 곳, 두 길이 마주치는 곳에 서 있습니다. 살아온 길도 영원이

고 살아갈 길도 영원입니다. 과거의 삶과 미래의 삶이 만나는 이곳을 통해 과거의 삶이 미래의 삶으로 영원히 반복되는 것입니다.

이 두 길이 만나는 곳, 내가 지금 존재하는 곳이 바로 '순간'입니다. 순간은 지나가는 것이 아닌 영원한 것입니다. 우리의 반복되는 삶은 순간이라는 성문을 통해서 영원에서 영원으로 이어지는 것입니다.

차라투스트라는 난쟁이에게 계속 얘기합니다.

"보라 이 순간을! 이 순간이라는 성문 입구로부터 기다란 영원의 오솔길 하나가 저 뒤쪽으로 뻗어 있다. 우리 뒤로 하나의 영원이 놓여 있는 것이다. 만물 가운데서 달릴 수 있는 것이라면 이미 언젠가 이 오솔길을 분명히 달렸을 것이다. 만물 가운데서 일어날 수 있는 일은 이미 언젠가 일어났고 행해졌고 달려 지나가 버렸음이 분명하지 않은가? 만물은 그런 식으로 굳게 연결되어 있지 않은가? 이 순간이 다가올 모든 미래의 일들을 자신에게로 끌어당기도록 말이다. 그리하여 이 순간은 자신마저도 끌어당기고 있지 않은가?"

영원회귀라는 가장 지독한 허무주의의 삶을 극복하는 열쇠는 바로 '순간'입니다. 지금 이 순간을 긍정하고 알차게 사는 것이 영원히 반복되는 무기력한 삶을 극복하는 방법입니다.

인생에서 가장 중요한 순간은 언제일까요? 화려했던 지난 과거일까요? 꿈이 이뤄질 미래일까요? 모두 아닙니다. 인생 최고의 순간은 바로 지금 이 순간입니다. 순간이 모여 지금의 내가 됐고 순간이 앞으로 살아갈 내가 됩니다. 인생은 순간이 모여서 만들어진 것입니다. 순간은 짧은 시간이 아니라 영원과 영원이 만나는 것입니다. 지금 이 순간을 어떻게 사느냐가 무기력한 삶을 바꾸는 힘입니다. 순간은 영원과 영원이 만나는 또 다른 영원입니다. 지나가는 것이 아닌 영원히 이어지는 것입니다. 순간에 충실해야 하는 이유입니다.

우리가 원하든, 원치 않든 월요일 아침의 태양은 떠오릅니다. 어떤 사람에게는 월요일의 태양이 새로운 희망을 비추는 빛이 될 것이고, 어떤 사람에게는 얼굴을 찡그리게 만드는 빛이 될 것입니다. 찡그리며 월요일의 태양을 맞이하는 사람은 금요일 저녁을 고대합니다. 아침 등굣길에선 수업 끝나는 시간을 생각하고 출근하면서 퇴근을 생각합니다. 점심을 먹으면서 저녁에 뭘 먹을지 고민합니다. 이렇게 앞날에만 집중하는 사람은 정작 내 인생에서 가장 중요한 지금 이 순간을 영원히 놓치고 있는 것입니다.

순간을 놓치는 것은 오늘을 잃는 것이고 내 인생을 헛되이 보내는 것입니다. 오늘은 내일을 생각하고, 내일에는 그 다음날을 걱정하는 것은 순간을 낭비하는 것입니다. 사람들은 지금보다 미래가 더 소중하다고 생각합니다. 지금은 힘들어도, 앞으로는 그렇지 않을 것이라는 막연한 기대감 때문입니다. 그러나 미래의 순간은 지금 이 순간과 영원히 이어져 있습니다. 지금 이 순간에 감사하지 못하는 사람은 미래의 어느 순간에도 절대 감사하지 못합니다. 지금 이 순간은 영원에서 영원으로 지나가기 때문입니다.

영화 〈죽은 시인의 사회〉에서 고인이 된 배우 존 윌리엄스는 학생들에게 시를 가르치는 키팅 선생님입니다. 전통과 규율을 강조하는 학교에서 그의 가르침은 니체를 연상하게 합니다. 성공과 명예라는 전통 가치만을 강요하는 학교에서 자신의 꿈, 자신의 진정한 가치, 자신을 위한 인생을 학생들에게 말해주는 유일한 선생님입니다.

학교는 키팅 선생님을 싫어하고 학생들은 성적을 최우선 가치로 생각하는 부모들과 갈등합니다. 세상이 강요하는 가치는 나의 가치가 아니라는 니체의 생각처럼, 키팅 선생님은 세상의 가치와 싸워야 할 이유와 용기를 학생들에게 가르쳤습니다. 키팅 선생님이 학생들과 처음 만났을 때 했던 유명한 말은 이제 우리에게 이미 너무 익숙해졌습니다.

'카르페 디엠(carpe diem)'

고대 로마 시인 호라티우스가 처음 사용한 문장입니다. 현재에 충실하라는 뜻입니다. 많은 책이 이 문장을 인용했고, 많은 사람들이 인터넷 공간에 이 문구를 써 놓았습니다. 사람들이 현재, 이 순간의 중요성을 알고 있다는 얘기입니다. 하지만 실제로는 현재를 그리 중요하게 생각하지 않는 것 같습니다. 지금 이 순간이 영원에서 영원으로 이어지는 시간이라는 것을 모르기 때문입니다. 공기와 물은 사람에게 가장 소중한 것이지만 너무나 가까이에 있어 소중한 줄 모르고 당연하게 생각합니다. 당연하다는 것은 감사하게 생각하지 않는다는 것입니다.

　지금 이 순간도 똑같습니다. 공기와 물이 없는 세상에서 생명체가 살 수 없듯이, 지금 이 순간 없이는 내 인생도 없습니다. 지금 이 순간은 과거의 나와 미래의 내가 만나는 시간입니다. 인생에서 내가 세상과 소통하는 바로 그 시간입니다. 지금 이 순간에 최선을 다하는 사람에게는 같은 것이 영원히 반복되는 삶을 고통으로 여기지 않습니다.

　순간에 충실하지 못한 사람들은 과거를 후회하고 미래를 걱정합니다. 과거에서 벗어나지 못하는 사람들은 지금 이순간이 항상 불만족스럽습니다. 미래만 바라보며 사는 사람들은 항상 결과에 초조해 합니다. 순간을 사는 사람들은 과정을 소중히 생각합니다. 정성을 다한 과정이 좋은 결과를 만든다고 생각하는 것입니다.

　등산할 때 처음부터 목적지만 생각하는 사람은 산을 오르는 과정이 고되기만 합니다. 반면 산을 올라가는 순간에 충실한 사람은 산 자체가 친구이고 위로이며 치유가 됩니다. 과정을 즐기는 사람인 것입니다. 그 사람은 맑은 공기, 흙길, 새소리, 계곡 물소리, 바람에 스치는 낙엽 소리 같은 자연의 선물을 그대로 받아갑니다. 인생도 이와 비슷합니다. 순간에 충실하다는 것은 하나하나의 과정에 최선을 다하는 것입니다. 어떤 문제가 닥치더라도, 순간에 충실하고 과정에 힘쓰다 보면 어느새 해답 안에 들어와 있는 나를 발견할 수 있습니다.

　인생에는 희망이 있듯 좌절도 있습니다. 행복이 있으면 슬픔도 있습니다. 성공도 있고 실패도 있습니다. 그 모든 것이 나의 인생입니다.

인생은 돌고 돌아 제자리로 옵니다. 오늘 기쁜 일에 웃다가도 내일 슬픈 일을 겪기도 합니다. 높은 점수를 받았을 때는 부모님 앞에서 개선장군이 되었다가, 실망스런 점수를 받았을 때에는 죄인이 됩니다.

누구나 인생의 상승과 하강을 경험합니다. 그런 반복을 통해 우리는 성장합니다. 햇빛과 비가 적절히 섞여야 만물이 자라고 땅이 단단해지는 것처럼 말입니다. 매일 햇빛만 비치는 인생은 사막이 됩니다. 여러 가지 일이 일어나는 것이 자연이고 사람의 인생입니다. 순간에 충실하면 오르락내리락하는 내 삶을 인정하고 긍정할 수 있습니다. 그래서 순간을 사는 사람들은 똑같은 것이 영원히 반복되는 삶 앞에서 '다시 한 번'을 외칠 수 있는 것입니다.

제2차 세계대전 당시 나치 독일의 유대인 강제수용소에서 살아 돌아온 빅터 프랭클 박사의 책 『죽음의 수용소에서』는 티끌만큼의 희망도 없고 절망만이 존재하는 수용소에서 살아가는 인간의 위대함을 보여줍니다. 프랭클 박사는 유대인 학살의 상징적 장소인 폴란드 아우슈비츠 수용소를 포함해 네 곳을 전전하면서도 삶의 품위를 잃지 않고 지옥의 계곡에서 살아 돌아온 산 증인입니다. 우리의 삶이 여유가 없고 힘들더라도 삶의 시간이 멈춰버린 나치 수용소에서의 유대인들의 삶보다 잔인하지는 않을 것입니다.

전쟁 이후에 많은 사람들의 증언으로 세상에 알려진 그곳은 말 그대로 절망과 죽음만이 존재하는 지옥의 모습이었습니다. 살아있는 것 자체가 고통이요, 불행인 곳에서조차 노을이 지는 아름다운 순간의 풍경을 누릴 수 있는 사람들이 있었습니다. 이러한 사람들은 희망을 포기하고 낙담한 사람들에 비해 죽음의 늪에서 벗어날 확률이 훨씬 높았습니다.

"어느 날 저녁이었다. 죽도록 피곤한 몸으로 막사 바닥에 앉아서 수프 그릇을 들고 있는 우리에게 동료 한 사람이 달려왔다. 그리고는 점호 장소로 가서 해가 지는 멋진 풍경을 보자는 것이었다. 밖에 나가서 우리는 색과 모양이 변하는 구름으로 살아 숨 쉬는 하늘을 바라보았다. 진흙 바닥에 패인 웅덩이에 비친 하늘의 빛나는 풍경이 회색빛으로 지어진 우리의 초라한 임시 막사와 날카로운 대조를 이루고 있었다. 감동으로 인해 잠시 침묵이 흐른 뒤, 누군가 이렇게 말했다. 세상이 이렇게 아름다울 수가 있다니!"

프랭클 박사에 의하면 가혹한 정신적, 육체적 스트레스를 받는 상황에서도 수감자가 어떤 종류의 사람이 되는가는 수용소 환경이 아닌 각 개인의 내적 선택의 결과라고 합니다. 즉 아무리 척박한 환경일지라도 누구든지 내적으로 어떤 사람이 될 것인가를 선택할 수 있다는 말입니다.

영원회귀 사상은 가장 무거운 삶의 무게입니다. 니체는 영원회귀에 의한 공포와 고통을 뱀이 목구멍으로 들어와 목을 꽉 깨물고 있는 것으로 표현했습니다. 목을 막아선 뱀 때문에 얼굴은 한없이 일그러지고 창백해질 것입니다. 공포와 고통에 휩싸인 몸은 비틀리고, 계속되는 구역질로 더 이상 버티기 힘들 것입니다.

목구멍을 물고 놔주지 않는 뱀을 끄집어내지 못한다면 고통 속에서 천천히 죽어갈 것입니다. 살아날 수 있는 방법은 딱 한 가지입니다. 턱과 이빨에 최대한 힘을 모아 뱀의 머리를 물어서 잘라버리는 것입니다. 목을 물고 늘어졌던 뱀은 힘을 잃을 것이고, 그제야 끔찍한 고통에서 벗어나게 될 것입니다. 뱀의 머리를 뱉어버리는 순간 고통과 역겨움에서 벗어나고, 결국에는 웃음을 되찾게 됩니다.

불교에서 살아있는 생명은 이전 생애에 자신이 저지른 행위(업)에 따라 태어나고 죽고를 반복한다고 했습니다. 이것이 불교의 윤회사상입니다. 니체는 똑같은 삶이 영원히 반복된다는 영원회귀 사상을 얘기했습니다.

두 사상은 비슷해 보이지만 윤회하고 회귀하는 삶을 어떻게 견뎌낼 것인가에 대한 문제를 풀어내는 방법은 완전히 다릅니다.

불교에서는 욕망의 집착을 끊고 수행을 통해 얽매임의 고통에서 벗어날 수 있다고 합니다. 이것이 해탈입니다.

니체는 영원회귀라는 가장 고통스런 허무주의를 극복하기 위해서는 어떠한 삶도 내 삶으로 받아들이고 이 순간에 충실해야 한다고 말합니다. 그러면 삶을 긍정하고 중력의 무게와 외부의 저항을 이겨낼 수 있습니다. '지금의 삶을 다시 살고 싶은가?'라는 질문에 '그래 좋다! 다시 한 번 살겠다!'라고 대답할 수 있는 사람이 진정으로 자신의 운명을 사랑하는 사람입니다.

니체가 인간 정신의 최고 단계라고 했던 어린아이는 매 순간이 새로운 출발이고 놀이입니다. 어린아이는 지금 이 순간을 놀이와 즐거움으로 만들 수 있습니다. 삶이 즐거울 수밖에 없습니다. 지금 이 순간이 영원하기를 원하는 사랑하는 연인들도 있습니다.

사랑하는 연인들이 순간을 대하는 마음으로 세상을 산다면 모든 것이 아름다워 보일 것입니다. 이러한 삶의 태도가 중력의 악령을 거슬러 올라가는 힘의 의지입니다. 어린아이와 서로 사랑하는 연인에게 똑같은 것이 반복되는 삶은 재앙이 아니라 기쁨이고 축복입니다. 모든 것이 되돌아오기를 소망하는 차라투스트라처럼 말입니다.

"너, 내 마음에 든다. 행복이여! 찰나여! 순간이여! 라고 말한 일이 있다면, 그대들은 모든 것이 되돌아오기를 소망한 것이 된다! 모든 것이 새롭고, 모든 것이 영원한, 모든 것이 사슬로 연결되고, 실로 묶여 있고 사랑으로 이어져있는, 오! 그대들은 이런 세계를 사랑한 것이다."

4
인간 정신의 3단계 변신

차라투스트라는 인간 정신이 3단계 변화를 통해 어떻게 초인의 정신에 이르는지 설명합니다. 인간 정신의 최종 목표는 복종하는 낙타에서 자유를 획득하는 사자로 변하고 마침내 창조하는 어린아이가 되는 것입니다. 어린아이의 정신이 바로 초인의 정신입니다.

1단계 : 복종의 낙타

인간 정신의 가장 낮은 단계에 낙타가 있습니다. 낙타는 복종하는 정신입니다. 외부에서 강요하는 가치와 권위, 명령을 의심하지 않고 그대로 받아들입니다. 모든 짐을 감당해내겠다는 인내심과 강인함도 가지고 있습니다.

낙타는 강인한 정신을 가졌지만 스스로 판단을 못하고, 자유롭지 못합니다. 위에서 내려오는 규칙과 명령에 의해서만 행동할 뿐입니다.

명령을 충실히 행하면 적당한 음식과 적절한 휴식이 주어집니다. 외부의 위험으로부터 보호받아 안전합니다. 책임도 없습니다. 힘들기도 하지만 견딜만합니다. 그래서 낙타는 복종하는 삶을 기꺼이 선택합니다. '너는 해야 한다'의 명령을 가장 높고 위대하게 생각하는 것이 낙타의 정신입니다.

많은 사람들이 낙타의 정신으로 살고 있습니다. 사회와 학교가 강요하는 가치, 규칙, 도덕에 복종하는 정신으로 사는 것입니다. 이러한 정신은 정해진 틀에 맞춰 살아가며 자신의 의견을 말하지 못합니다. 그래서 청소년이든 어른이든 낙타의 정신을 가진 사람은 자신의 문제를 스스로 해결하지 못하고 남에게 의존하려 합니다. 식당에서 스스로 메뉴를 정하지 못하고 친구가 주문하는 것을 곁눈질로 보는 사람처럼 말입니다.

자신의 가치를 만들지 못하고 사회 가치에 의존하는 사람들은 아이고 어른이고 모두 낙타로 사는 것입니다. 놀고 싶어도 놀지 못하고 학원 차에 올라타야 하는 이유는 공부와 점수라는 사회 가치가 뛰어 노는 개인의 가치보다 더 중요하다고 판단하기 때문입니다.

대학과 전공과목을 선택할 때도 자신의 관심보다는 세상의 관심이 더 중요합니다. 문학을 공부하고 싶어도 주변에서 돈이 되지 않는다며 못하게 말립니다. 그래서 세상의 요구에 의해 선택한 대학과 전공과목은 꿈을 이루는 수단이 아닌 취직을 위한 수단이 되어버리는 것입니다.

어른이 되어 취직을 해도 낙타의 모습에서 벗어나지 못합니다. 오히려 더 완전한 낙타의 모습이 됩니다. 거의 모든 직장인은 낙타라고 보면 됩니다. 예스(Yes)만 해야 하는 낙타들입니다. 그들은 요즘 같은 성장이 멈춰버린 경제 위기 시대에 명령을 받는 낙타의 삶을 오히려 행운이고 행복이라고 생각합니다. 그렇다고 낙타의 삶이 가치가 없다는 것은 아닙니다. 이 시대의 많은 아빠 엄마들이 가족을 위해 기꺼이 낙타의 삶을 사는 것은 가치의 유무를 넘어 감동이 됩니다. 그러나 낙타의 삶은 자유롭지 못하고 자신의 삶에 주인이 되지 못합니다. 그래서 변해야 하는 것입니다.

2단계 : 자유의 사자

복종하는 낙타도 어느 순간 자신의 삶을 의심하는 순간을 갖습니다. 이렇게 사는 삶이 정말 최선일까? 언제까지 이렇게 살아야 할까? 이런 질문을 하게 되는 것입니다.

나의 삶에 질문하고 의심할 때 인생의 다른 길이 보이기 시작합니다. 단단했던 낙타의 정신이 드디어 변하기 시작하는 것입니다. 복종하는 정신에서 자유를 요구하는 정신으로 변하는 것입니다. '너는 해야 한다'는 정신에서 '나는 원한다'는 정신으로 변신을 시도하는 것입니다.

"정신을 더 이상 주인으로, 신으로 여기지 않으려는 거대한 용은 무엇인가? '너는 해야 한다', 이것이 그 거대한 용의 이름이다. 그러나 사자의 정신은 이에 대항하여 '나는 원한다'라고 말한다."

사자는 용감하고 자유로운 삶을 추구합니다. 명령받는 것을 싫어합니다. 자신이 판단하고 자신을 위해서 행동합니다. 자고 싶으면 자고 배고프면 사냥합니다. 이미 정해진 가치를 인정하지 않습니다. 예스(Yes)만 하는 정신이 낙타라면 노(No)라고도 할 수 있는 정신이 사자입니다.

일반적으로 초등학교 저학년 아이들은 부모와 선생님의 요구대로 행동합니다. 낙타의 정신이었던 아이들이 사춘기가 되면 서서히 자신의 목소리를 내기 시작합니다. 부모가 강요하는 일에 반대하고, 짜인 틀에서 벗어나려 합니다. 그러면서 방황도 합니다. 경쟁에서의 승리와 높은 점수만을 강요하는 학교와 세상에 싫증이 납니다. 모든 것에서 벗어나고 싶어 합니다. 태어나서 처음으로 낙타의 정신에서 사자의 정신으로 변신을 시도하는 것입니다.

한 해 수만 명에 달하는 학생들이 자퇴를 한다고 합니다. 자퇴를 하는 이유는 다양할 것입니다. 똑같은 인간을 만들어내는 교육 시스템, 문제를 맞히는 기계를 원하는 듯한 학교 환경, 과도한 경쟁에서 승리해야 하는 피로감 같은 여러 이유가 있습니다. 학교 이외에 다른 대안이 없는 우리나라 교육 환경에서 학생이 학교를 떠나는 것은 신중하지 못한 행동이 될 수 있습니다. 하지만 단 하나의 방법만을 강요하는 사회에 '아니요'라고 대답할 수 있는 용기 있는 행동이기도 합니다. 이것이 사자의 정신입니다.

사회에도 사자의 정신이 있습니다. 우리 사회는 곳곳에 많은 문제들을 안고 있습니다. 청년들은 대학을 졸업해도 일자리를 얻지 못하고, 중년은 직장에서 떠밀려나고 있습니다. 이제 직장에서 오래 버티는 것이 가장 가치 있는 것이 되어버렸습니다. 그러나 한국경영자총협회가 조사한 2016년 신입사원 실태 보고서에 따르면 대기업 신입사원들 중 1년 안에 그만두는 사람이 거의 28퍼센트에 달한다고 합니다. 그토록 힘들게 들어간 대기업을 3명중에 1명은 1년 안에 그만둔다는 얘기입니다. 안정적인 수입이 중요한 중년 직장인들도 다른 삶을 위해 조직의 울타리 밖으로 나가는 사람들이 소수이긴 하지만 있습니다.

학교를 떠나는 학생들, 직장을 떠나는 어른들 모두 사자의 자유를 꿈꾸는 사람들입니다. 복종의 삶보다는 자유를, 타인에 의한 삶보다는 자신의 삶을 꿈꾸는 사람들입니다. 사자의 정신은 '나는 원한다'입니다. 자유를 획득하는 단계입니다.

사람들의 생각이 모두 다르듯이 어떤 삶이 옳다, 그르다 정의할 수 없습니다. 어떤 사람들은 낙타의 정신으로 묵묵히 인내하며 견디는 삶을 가치 있다고 할 것이고, 누구는 사자처럼 자유인으로 살아가는 것에 인생의 가치를 둘 것입니다.

사자는 복종하는 낙타와 자신의 가치를 창조하는 초인의 중간 단계입니다. 새로운 가치 창조는 사자의 단계에서 일어나지 않습니다. 사춘기 청소년들이 세상에 반항하고 자신의 목소리를 내지만, 스스로 다른 방법을 찾거나 새로운 가치를 만들지 못하는 것과 같습니다.

기존의 가치를 깨고 새로운 가치를 창조하는 것이 초인입니다. 복종하는 낙타에서 가치를 창조하는 초인으로 가기 위해서는 자유를 획득하는 단계를 꼭 거쳐야 합니다. 이것이 사자의 역할입니다.

가치와 도덕의 틀에 연연해하지 않는 '나는 원한다'의 사자 정신을 가장 잘 보여 주는 소설이 있습니다. 니코스 카잔차키스의 『그리스인 조르바』입니다.

자유의 영혼을 상징하는 조르바가 두목에게 자유에 대해 얘기합니다. 낙타에서 사자로 변신하는 것을 얘기하는 것입니다. 진정한 자유란 무엇이고, 어떻게 획득할 수 있는지 조르바의 얘기를 한번 들어보지요.

"조르바가 고개를 가로 저었다.
'아니요. 당신은 자유롭지 않아요. 당신이 묶인 줄은 다른 사람들이 묶인 줄과 다를지 모릅니다. 그것뿐이오. 두목, 당신은 긴 줄 끝에 있어요. 당신은 오고 가고, 그리고 그걸 자유라고 생각하겠지요. 그러나 당신은 그 줄을 잘라버리지 못해요. 그런 줄을 자르지 않으면…'

'언젠가는 자를 거요.' 내가 오기를 부렸다. 조르바의 말이 정통으로 내 상처를 건드려 놓았기 때문이다.

'두목 어려워요, 아주 어렵습니다. 그러려면 바보가 되어야 합니다. 바보 아시겠어요? 모든 걸 도박에다 걸어야 합니다. 하지만 당신에게 좋은 머리가 있으니까 잘은 해나가겠지요. 인간의 머리란 식료품 상점과 같은 거예요. 계속 계산합니다. 얼마를 지불했고, 얼마를 벌었으니까 이익은 얼마고 손해는 얼마다! 머리란 좀 상스러운 가게 주인이지요. 가진 걸 다 걸어볼 생각은 않고 꼭 예비비를 남겨두니까. 이러니 줄을 자를 수 없지요. 아니 더 붙잡아 맬 뿐이지…. 이 잡것이! 줄을 놓쳐 버리면 머리라는 이 병신은 그만 허둥지둥합니다. 그러면 끝나는 거지. 그러나 인간이 이 줄을 자르지 않을 바에야 삶맛이 뭐 나겠어요? 노란 카밀레 맛이지. 멀건 카밀레 차 말이오. 럼주 같은 맛이 아니오. 잘라야 인생을 제대로 보게 되는데…'

우리는 살면서 변신을 해야 할 때가 있습니다. 모든 것을 걸 수 있는 바보가 되어야 자유를 얻을 수 있다는 조르바의 말처럼, 변신의 과정도 그렇습니다. 그래서 변신의 과정은 외롭고 두렵습니다.

변신하면 생각나는 소설이 하나 있습니다. 카프카의 『변신』입니다. 청소년 시절 이 소설을 처음 읽었을 때 무협지보다 더 황당했던 기억이 납니다. 사람이 벌레로 변신하는 상황을 받아들이기 어려웠습니다. 이런 소설이 왜 유명한지 이해하지 못했습니다. 20대에 읽었을 때에도 느낌은 크게 변하지 않았습니다. 그러나 어른이 된 후 사회의 틀 속에서 오랫동안 살아온 나 자신을 돌아보며 읽었을 때 문장 하나하나가 충격으로 다가왔습니다. 소설은 다음 문장으로 시작합니다.

"그레고르 잠자는 어느 날 아침 불안한 꿈에서 깨어났을 때 자신의 침대 속에서 한 마리 흉측한 해충으로 변해 있음을 발견했다."

주인공 그레고르 잠자는 하루아침에 인간에서 벌레가 됐습니다. 그것도 보기 흉한 벌레입니다. 그는 집안의 생계를 책임지고 있는 능력 있는 영업사원이었습니다. 그가 벌어들이는 소득으로 아버지의 빚도 갚고 있고, 하인을 두고 있는 큰집에서 살고 있으며, 바이올린에 재능 있는 여동생을 값비싼 음악학교에 보낼 꿈을 가지고 있었습니다. 가족들은 그레고르 잠자에게 모든 것을 의지하며 살고 있었습니다. 그런 그들에게 그레고르 잠자가 벌레로 변한 모습은 받아들이기 어려운 것이었습니다.

"어머니는 처음에는 두 손을 모으고 아버지를 쳐다보다가는 그레고르에게로 두 걸음 걸어오더니 사방으로 둥그렇게 펼쳐진 치마 한가운데로 힘없이 쓰러졌고, 얼굴은 가슴에 묻혀 전혀 보이지 않았다. 아버지는 그레고르를 그의 방안으로 디밀어 붙이기나 하려는 듯이 적의에 찬 표정으로 주먹을 불끈 쥐었다가 그 다음에는 어쩔 줄 모르는 듯 거실을 둘러보고는 두 손으로 얼굴을 가리어 울면서, 그 육중한 가슴이 들먹였다."

그레고르 잠자는 자신이 먹여 살리던 가족들에게 철저히 외면당했습니다. 결국 그레고르 잠자는 가족들로부터 완전한 외톨이로 고립돼 있다가 숨을 거두었습니다. 그의 죽음을 확인한 가족들은 가장 큰 고민을 털어낸 듯 편안한 마음으로 여행을 떠나면서 소설은 끝납니다. 카프카의 『변신』은 이렇게 그레고르 잠자의 비극으로 끝이 납니다. 인간이 벌레로 변하는 것 자체가 황당합니다. 말 그대로 소설 같은 이야기입니다.

하지만 우리 역시 사람을 벌레 취급할 때가 있습니다. 내가 다른 사람을 벌레 보듯 할 때도 있고, 다른 사람이 나를 벌레 보듯 할 때도 있습니다. 그레고르 잠자의 가족처럼 내 가족이 나를 벌레 보듯 할 때도 있습니다.

낙타에서 사자로 변신하는 과정이 그렇습니다. 사람들에게 벌레 취급을 당할 수도 있습니다. 벌레가 되기를 두려워하는 사람들은 자유를 위해 속박하는 끈을 끊어낼 수 없는 것이지요. 인간은 항상 계산을 한다는 조르바의 얘기와도 다르지 않습니다. 학교를 자퇴하고 싶다고 얘기하는 순간 그 학생은 부모에게 벌레가 됩니다. 잘 다니던 직장을 그만두고 싶다고 얘기하는 사람 또한 가족들에게 벌레가 되는 순간을 경험합니다.

카프카의 소설은 한 인간이 벌레로 변신해서 벌레의 죽음으로 끝이 납니다. 기대했던 반전은 소설에서 일어나지 않습니다.

하지만 인간이 위대한 이유는 벌레에서 끝나지 않고 반전을 만들 수 있다는 것입니다. 벌레에서 또 한 번의 변신을 하는 것입니다. 가족이 외면하는 벌레의 변신을 각오하는 자만이 나비로 멋지게 변신할 수 있습니다. 변신을 시도하는 자가 인생의 참맛을 아는 자입니다. 공은 바닥까지 떨어져야만 다시 튀어오를 수 있습니다. 벌레가 되었다는 것은 내 삶이 바닥으로 떨어졌다는 것입니다. 이 말은 다시 튀어오를 수 있다는 것이기도 합니다.

3단계 : 창조의 어린아이

자유를 획득한 사자가 가치 창조를 위해 또 한 번의 변신을 시도합니다. 인간 정신의 최종 목표는 자신의 가치를 창조할 수 있는 어린아이의 정신이 되는 것입니다.

"아이는 순진무구함이며, 망각이고, 새로운 출발, 놀이, 스스로 도는 수레바퀴, 최초의 움직임이며, 성스러운 긍정이 아닌가."

사자도 하지 못하는 일을 어떻게 어린아이가 할 수 있을까요? 어린아이는 순진하고 천진난만하기 때문입니다. 말과 행동에 꾸밈이 없고, 모든 것을 새롭게 바라보기 때문입니다. 강요하는 가치, 도덕, 진리 이런 것들에 관심이 없습니다. 보이는 그대로, 느끼는 그대로가 그들의 가치이고 세상입니다.

어린아이들에게 세상은 혼돈(混沌)이며, 사물은 무명(無名)으로 존재합니다. 혼돈은 정해진 틀과 질서가 없는 상태이고, 무명은 이름이 없다는 것입니다. 그들에게 세상은 정해진 것이 아무것도 없는 것이기 때문에 무엇이든 창조할 수 있습니다. 또 그들에게 만물은 아직 이름이 없는 것들입니다. 이름이 없다는 것은 수천, 수만 가지의 새로운 이름을 가질 수 있다는 것을 의미합니다. 그래서 맹자는 어린아이의 마음을 잃지 말아야 한다고 했고, 노자는 어린아이로 돌아가라고 했습니다.

이런 어린아이의 세계와 정반대되는 세계에서는 질서와 이름이 중요합니다. 규칙과 도덕은 질서를 유지하기 위해 만들어졌지만, 인간의 행동을 구속합니다. 그 세계는 일정하게 정해진 틀 안에서 행동하는 것만 허락합니다.

또한 모든 사물에 이름이 있습니다. 세상은 책상, 의자, 빗자루, 냉장고처럼 모든 사물에 이름을 부여했습니다. 사물은 자신에게 부여된 이름의 역할만 수행하면 됩니다.

혼돈과 무명의 세상인 어린아이의 세상으로 다시 돌아가 보겠습니다. 아이들의 세상에는 규칙과 도덕이 없습니다. 모든 세상이 놀이터이고 창조의 공간입니다. 자신들이 놀이와 규칙을 만들어냅니다. 이름이 없는 사물은 수많은 다른 것으로 재탄생됩니다.

노자는 규정하지 않은 상태를 높게 평가합니다. 노자의 책, 『도덕경』은 다음의 유명한 첫 구절로 시작합니다.

"도가도 비상도(道可道 非常道)"

'도를 도라고 하면 그 도는 영원한 도가 아니다'라는 의미입니다.

노자 사상에서 도는 만물의 근원이고 세상의 진리입니다. 세상 만물과 진리를 '무엇'이라고 정할 수 없다는 것입니다. 모든 사람에게 적용 가능한 절대 가치와 진리는 없다는 니체의 생각과 비슷합니다.

사물에 이름을 부여하는 순간 창조적 생각은 거기서 멈춰버립니다. 어른 세상에서 막대기는 그냥 막대기일 뿐입니다. 어린아이의 세상에서 막대기는 악마를 무찌르는 칼이 되기도 하고, 상대방을 쓰러트리는 총이 되기도 하며, 하늘을 나는 요술지팡이가 되기도 합니다.

어린아이의 세상은 규정된 것이 없고 이름이 없는 곳이기 때문에 판단이 필요하지 않습니다. 외부의 시선을 의식할 필요도 없습니다. 창조할 수 있는 '나'만 있을 뿐입니다.

또한 어린아이는 망각하는 동물이기 때문에 언제나 새로운 출발을 할 수 있습니다. 과거를 후회하지도 않고, 미래를 걱정하지도 않습니다. 그냥 이 순간에 존재하는 나 자신에게만 의미를 둡니다. 어린아이에게 모든 것은 새로운 놀이가 됩니다. 누가 시키지 않아도 스스로 돌아갈 수 있는 수레바퀴가 됩니다. 어떤 것도 긍정합니다.

벌거벗음 임금님 앞에서 어른들은 임금님이 두려운 나머지 어느 누구도 진실을 얘기하지 못합니다. 서로 눈치만 보고 있을 때 '임금님이 벌거벗었다'고 소리치는 사람이 바로 어린아이입니다.

어린아이에게는 모든 것이 놀이이고 긍정입니다. 두려움 또한 없기 때문에 모든 것이 새로움이고 도전이며 창조입니다.

어른들은 새로운 것, 도전하는 것, 혼자 하는 것을 두려워합니다. 과도한 두려움은 우리의 행복을 저해할 뿐 아니라 변화와 변신의 의지를 꺾습니다.

경쟁에서의 승리, 높은 점수와 좋은 대학, 경제 문제, 자녀교육, 건강과 노후, 실패, 거절, 헤어짐, 변화와 상실, 심지어 자연재해와 죽음에 이르기까지 머릿속은 두려운 것들로 가득 차 있습니다. 요즘 들어 정신의학을 다루는 병원과 심리 치유, 명상 센터가 늘어나는 것도 이와 무관하지 않습니다.

땀 흘리며 뛰어놀아야 할 학생들은 성적과 입시 걱정에 삶의 의욕을 잃고 있습니다. 어른들은 직장을 잃을까 걱정합니다. 공무원 같이 정년이 보장되는 직업을 가진 사람들을 제외하면 대부분의 직장인들은 불안해합니다. 직장에 다니는 회사원들은 언제까지 다닐 수 있을지, 직장을 그만둔 사람은 이제 무엇을 해야 할지 고민합니다.

우리는 경쟁에서의 승리와 그에 따른 경제적 보상을 최고의 가치로 여기는 시대에 살고 있습니다. 이런 사회 분위기가 패배한 사람을 비난하게 만들었습니다. 그래서 지나친 경쟁에 내몰리는 사람들은 패배의 두려움을 항상 안고 살아갑니다.

어린아이는 두려워하지 않습니다. 그래서 위험하기도 합니다. 부모들은 아이가 찻길로 달려갈까 봐 항상 신경을 쓰지만 어린아이에게는 모든 것이 신기하기만 합니다.

두려워서 못하는 것이 좋은 것인지, 위험하더라도 시도를 해보는 것이 좋은 것인지는 각자의 판단에 있지만, 니체는 『즐거운 학문』에서 인간이 살아가면서 의미 있는 결과를 만들고 큰 즐거움을 누리기 위해서는 위험하게 살아야 한다고 말합니다.

"내 말을 믿어라! 실존의 가장 커다란 결실과 향락을 수확하기 위한 비결은 다음과 같은 것이기 때문이다. 위험하게 살아라! 그대들의 도시를 베수비오 화산 가에 세우라! 그대들의 배를 미지의 바다로 내보내라! 그대와 동류의 인간들, 그리고 그대들 자신과의 싸움 속에 살라! 그대들, 인식하는 자들이여, 지배자와 소유자가 될 수 없다면 약탈자와 정복자가 돼라! 겁 많은 사슴들처럼 숲 속에서 숨어 살아가야 하는 지겨운 시대는 곧 지나갈 것이다!"

우리는 다수의 사람들이 옳다고 말하는 가치와 진리의 울타리 안에서 살고 있습니다. 울타리를 벗어나는 순간 세상은 추워지고 나는 외톨이가 됩니다. 그러나 춥고 외로운 곳이 새로운 것을 만들어낼 수 있는 창조의 공간입니다. 혼돈과 무명의 세상처럼 강요하고 정해진 것이 없는 곳에서는 모든 것이 가능합니다. 무(無)에서 창조를 한다는 것은 많은 고통과 인내를 동반하지만 그것을 극복할 때 새로운 가치가 만들어지는 것입니다

어린아이에게는 울타리가 없습니다. 온 세상이 자신의 공간입니다. 울타리라는 장벽은 사람들이 정해 놓은 마음의 벽일 뿐입니다.

세상이 쳐놓은 울타리 안에서 정해진 가치를 추구하며 살아가는 정신은 '너는 해야 한다'에 충실한 낙타의 정신입니다. 낙타는 짐을 지고 사막을 걸을 뿐 자유와 창조가 없습니다. 자유를 얻기 위해서는 용감한 사자의 정신으로 변신해야 합니다. '예스(Yes)'라고만 대답했던 나에서 '노(No)'라고 말할 수 있는 나로 변신하는 것입니다. 그러나 여기서 멈춰버린 삶은 다시 낙타로 되돌아갈 수 있습니다. 정신의 최종 목표는 어린아이가 되는 것입니다.

모든 것이 정해지지 않은 어린아이의 정신에서 새로운 가치가 탄생합니다.

내 정신은 낙타와 사자와 어린아이 중 어느 단계인가요? 정신의 최종 목표는 복종과 자유를 넘어 내 삶의 창조자이자 예술가가 되는 것입니다. 자신의 가치를 창조할 수 있는 초인이 바로 어린아이의 정신을 가진 사람입니다.

5

세상의 가치를 넘어 나만의 길을 가라

내 삶의 창조자가 돼라

우리는 이제 현실에 안주하는 인간이 되느냐 극복하는 인간이 되느냐의 갈림길에 서있습니다. 인간은 짐승과 초인 사이에 놓인 밧줄입니다. 이 밧줄 아래에는 깊은 강물이 흐르고 있습니다. 줄 끝 쪽으로 건너가는 것도 위험하고 줄 가운데 매달려있는 것도 위험합니다. 뒤를 돌아보는 것 역시 위험합니다.

그러나 인간이 위대한 이유는 위험을 참고 견디며 앞으로 나아가기 때문입니다.

줄을 타고 절벽을 건너가는 과정에서 물속으로의 몰락도 감수하겠다는 인간이어야 기존의 모습을 완전히 벗어던질 수 있습니다. 니체는 낡은 모습을 경멸하고 완전히 버릴 때 새로운 창조가 일어난다고 했습니다. 탈북자들이 자유를 위해 죽음을 각오하고 압록강을 건너듯이 인간이 초인으로 가는 밧줄을 건너가기 위해서는 경멸과 몰락을 각오해야 합니다.

바닥까지 무너졌다가 성공한 사람들은 한 결 같이 자신의 몰락이 새로운 성장의 계기였다고 얘기합니다. 사랑하는 자식을 먼저 하늘나라로 보낸 부모만큼 처절한 몰락의 고통과 절망을 경험한 사람도 없을 것입니다. 그러나 이런 사람들조차 죽음보다 더한 고통의 시간이 나를 성장시켰다고 말합니다.

몰락은 절망과 고통의 순간이자 다시 태어날 수 있는 성장의 기회입니다. 새로운 내가 된다는 것은 스스로 낡은 가치를 극복하고 새로운 가치를 창조한다는 것입니다.

창조를 위해서는 익숙해진 관습과 가치를 벗겨내는 수많은 죽음이 있어야 합니다. 애벌레가 죽음과도 같은 번데기의 허물을 벗겨내고 나비로 재탄생하는 것처럼 말입니다.

세상은 참 묘합니다. 모두가 안정된 삶을 원하지만 신기하게도 그 속에서는 성장과 발전이 일어나지 않습니다. 고통과 절망은 누구나 회피하고 싶지만 그것을 넘어서는 과정은 나를 이전과는 다른 나로 만들어 줍니다. 모든 인생은 오르락내리락하고 왔다 갔다 합니다. 잘 가다가 갑자기 미끄러지기도 하고 길을 잃었을 때 처음 보는 멋진 풍경이 눈앞에 펼쳐지기도 합니다.

초인은 끊임없이 극복하는 인간입니다. 초인은 강한 힘의 의지로 매순간 자신을 극복하기 때문에 허무주의를 극복하고 영원회귀를 긍정할 수 있습니다. 초인에게 고통, 좌절, 절망은 극복해야 할 여러 가지 삶의 무게들 중 하나일 뿐입니다. 초인은 낙타에서 사자로, 사자에서 다시 어린아이로 변신한 인간이며 코뿔소의 뿔처럼 홀로 갈 수 있는 용기 있는 인간입니다.

낡은 건물을 파괴하지 않고 새로운 건물을 올릴 수 없듯이, 기존의 나를 파괴하지 않고는 새로운 가치를 만들 수 없습니다. 새로운 가치를 만들기 위해서는 나 자신을 감싸고 있는 알을 깨고 새로운 세계로 나와야 합니다.

독일 출신의 노벨 문학상 수상자인 헤르만 헤세의 소설 『데미안』에는 기존의 관습과 도덕에 의심을 품고 자신을 찾아가는 주인공이 나옵니다. 삶이란 자기 자신에게 이르는 길이라는 교훈을 주는 이 소설을 가장 유명하게 만든 구절은 아마 이것일 것입니다.

"새는 알을 깨고 나온다. 알은 세계다. 태어나고자 하는 자는 하나의 세계를 부수어야 한다."

마치 니체가 얘기하는 것 같습니다. 실제로 헤르만 헤세는 니체의 여러 책들을 탐독했을 정도로 니체를 좋아했습니다. 『데미안』을 성장의 고통을 겪는 청소년 소설이라고 하지만, 기존 관습과 가치 속에 파묻혀 있는 어른들이 읽어야 할 소설이기도 합니다.

알을 깨고 나오는 것은 주둥이의 아픔과 고통을 동반합니다. 그러나 알을 깨고 나올 때 진정한 나의 모습으로 다시 태어날 수 있습니다. 소설 속 주인공이 나를 찾아 가는 길은 새가 알을 깨는 과정입니다. 진정한 자신에게 이르기 위해서는 곳곳에 놓인 자갈길을 넘어야 하고, 가시밭길을 건너가야 합니다. 그러나 그 과정이야말로 진정한 삶이고, 아름다운 여행이라고 헤세는 얘기합니다.

짐승에서 초인으로 가는 다리를 건너는 것은 이쪽의 세계에서 저쪽의 세계로 나아가는 과정입니다. 뱀이 자신의 허물을 벗어버리고 나비가 번데기에서 탈출하는 것처럼 우리는 새로운 나로 태어나야 합니다. 새로운 나로 태어나는 것은 홀로 이겨내야 하는 인내와 고통이 함께합니다. 세상을 바꾸고 역사를 만든 사람들은 새로운 나로 다시 태어나는 고통의 과정을 통해 계속 성장했습니다.

한국인들이 좋아하는 김연아 선수가 그렇습니다. 그녀는 세상에 알려지기까지 오랜 시간 외로움과 많은 실패를 견뎌냈습니다. 시설도 열악하고 지도자도 부족한 불모지에서 홀로 모든 것을 이겨내야 했습니다. 무모한 도전이라는 세상의 편견과 시선을 극복해야 했습니다. 빛이 보일 때까지 실패와 좌절의 어둡고 긴 터널을 걷고 또 걸어야 했고, 그녀는 마침내 자신을 극복했습니다.

사막에서 꽃을 피운 것입니다. 수만 번의 엉덩방아는 세상에서 가장 아름다운 점프가 되었고 수없이 흘린 눈물은 올림픽 금메달이 되어 돌아왔습니다.

얼마전 여자 골프의 선구자 박세리 선수가 은퇴식을 가졌는데요, 이에 AP통신과 골프다이제스트, 골프위크 등 외신들은 '전설의 은퇴'를 앞다퉈 주요 뉴스로 내보냈습니다. 그녀가 1998년 US 오픈 연장전에서 연못가에 걸친 공을 치기 위해 양말을 벗고 연못에 들어가던 모습이 아직도 눈에 선합니다. 그 당시 우리나라는 외환 위기라는 먹구름으로 나라 전체가 암울한 상황이었습니다. 박세리 선수의 감동스런 우승 소식은 경제 위기로 답답하고 불안했던 국민들에게 위안과 희망을 안겨줬습니다.

지금은 세계 여자 프로 골프대회에서 한국 여자 골퍼들이 세계 상위 랭킹을 휩쓸고 있지만 그 당시 한국 여자 골프는 세계무대에서 거의 알려지지 않았습니다. 한국 여자 골프가 세계 강국이 된 것은 박세리 선수가 있었기 때문입니다. 그녀는 길이 없는 곳에서 자신의 길을 만들었고, 그녀의 길은 많은 후배들이 세계적인 무대로 나가는 고속도로가 되었습니다. 역사는 고정관념과 좌절의 껍질을 깨고 새로운 세계를 창조한 사람들을 기억합니다.

정치적 반대파에 의해 추방당한 뒤, 평생 자신의 고향인 피렌체로 돌아가지 못하고 20년 가까이 방황과 좌절의 나날을 보낸 단테는 오랜 외로움과 고통의 시간을 중세 최고의 문학 작품인 『신곡』으로 극복해냈습니다.

콜럼버스는 신대륙을 찾아 미지의 바다인 대서양에 배를 띄웠습니다. 약속한 날이 지나도 육지가 나타나지 않자 선원들이 폭동을 일으

켰습니다. 되돌아가지 않으면 죽이겠다고 콜럼버스를 협박하기도 했습니다. 목숨을 내놓아야 하는 절박한 상황을 극복하고 자신의 신념을 굽히지 않았던 콜럼버스는 신대륙을 발견하며 세상의 역사를 바꿔놓았습니다.

역사의 위인들은 끊임없는 자기 극복을 통해 기존의 고정관념과 고통의 세월을 넘어서는 새로운 가치를 창조했습니다. 새로운 가치 창조는 기존 가치와 현실의 벽에 항상 충돌합니다. 기존의 가치를 믿는 대중들은 자신의 길을 가는 창조자를 따가운 시선으로 바라보며 비난하고 배척합니다. 군중은 자신의 길을 가는 자에게 '찾는 자는 쉽사리 길을 잃는다. 모든 고독은 죄악이다'라고 말하며 걱정스런 눈빛으로 쳐다봅니다.

새로운 나로 태어나기 위해서는 이러한 세상의 시선과 편견을 극복해야 합니다. 그래서 외롭습니다. 길을 잃을 수도 있습니다. 흔들리더라도 가야합니다.

나의 길을 가겠다고 며칠 밤을 세워가며 결정을 했더라도 주변사람들의 걱정과 부정적인 충고는 나를 계속 흔들어 댑니다. 또한 자신의 길을 가는 자들이 만나는 차디찬 고독은 극복하려는 힘의 의지를 꺾기도 합니다.

자신의 길을 가는 것은 자신만의 법을 만드는 입법자이자 창조자가 되는 것입니다. 창조자가 되기 위해서는 자신을 황량한 공간속으로 던져야 하며, 얼음이 가득 찬 외로움 속으로 들어가야 합니다. 자신의 길을 가는 자에게는 세상의 따가운 시선을 이겨내고, 고독을 넘어설 수 있는 용기가 필요합니다. 중심이 확고한 사람만이 주변 사람들의 의견과 시선에 흔들리지 않고 앞으로 나아갑니다.

세계 4대 성인들은 수천 년 동안 셀 수 없는 제자를 만들었고 지금도 수많은 사람들이 그들의 사상과 철학을 공부하고 있습니다. 그러나 정작 그들에게는 스승이 없습니다. 위대한 사람들은 세상의 온갖 비난과 비판을 극복하며 홀로 자신의 길을 개척했다는 얘기입니다.

영화를 보면 주인공의 삶이 가장 험난합니다. 남들보다 더 외롭고, 더 위험하고, 더 고통스럽습니다. 하지만 주인공은 주변에서 뭐라고 해도 흔들리지 않습니다. 자신만의 중심이 있기 때문입니다. 결국에는 여러 도전과 고통을 극복해냅니다. 별 문제없는 사람들이나 무리 속에 있는 사람들은 영화에서 중요한 역할을 갖지 못합니다.

우리는 지금 나의 삶이라는 영화를 만들어 가고 있는 것입니다. 내가 겪는 외로움, 실패, 좌절, 고통은 당연한 것입니다. 왜냐하면 나는 삶이라는 영화의 주인공이기 때문입니다. 지금 자신의 삶이 힘들다면 내 삶의 주인공이 될 자격이 충분히 있는 것입니다. 시련과 고통 없는 영웅은 신화에도 없고 어느 역사에도 없었습니다.

극복하고 성장해 나가는 과정에서 주변 사람들보다 더 무서운 적은 바로 나 자신입니다. 자신의 길을 가는 자의 최대 적은 항상 자신의 마음속에 잠복하고 있습니다. 나를 쓰러트리는 것은 항상 나 자신입니다. 가장 큰 적인 나 자신을 극복하기 위해서는 나를 불태워야 한다고 차라투스트라는 말합니다.

"그대는 그대 자신의 불꽃으로 스스로를 불태워 버리려고 해야 한다. 우선 재가 되지 않고서 어떻게 거듭나기를 바라겠는가!"

자신의 길을 가는 자는 고독합니다. 고독한 자의 길이 창조자의 길입니다. 고독한 자는 자신을 사랑합니다. 자신을 사랑하기 때문에 자신을 경멸할 수 있는 것입니다. 경멸할 때 자신을 넘어설 수 있고 새로운 가치를 창조할 수 있습니다. 고독하고 사랑하고 경멸하는 자에게 언젠가 자유와 창조가 절뚝거리며 따라올 것입니다.

내 인생의 주인은 '나'입니다. 모두들 그렇게 알고 있지만 현실의 삶에서는 타인을 위해 사는 사람이 더 많습니다. 타인에 의해 만들어진 규칙, 가치, 도덕이 우리를 지배하기 때문입니다. 심지어 나 자신이 누구인지도 잘 모르며 살아갑니다.

그러나 바깥의 환경이 아무리 변하더라도 나의 진짜 모습은 변하지 않습니다. 한국 사람이 미국에 간다고 미국인이 되지 않습니다. 미국인처럼 매일 햄버거와 스테이크를 먹으면서 살지 못합니다. 밥을 먹고 김치를 먹어야 힘이 납니다.

남들이 이상한 음식을 먹는다고 손가락질하고 비웃어도 신경 쓸 필요가 없습니다. 나는 한국인이니까요.

이와 같이 나는 나입니다.

니체를 살펴본 우리는 낡은 가치에서 새로운 가치로 넘어가는 위대한 정오의 한 가운데 서 있는 것입니다. 세상이 강요하는 관습, 가치, 도덕을 극복할 때 가치의 기준을 외부에서 나 자신으로 돌릴 수 있습니다. 가치는 내가 창조하는 것입니다. 극복하는 인간인 초인에 이르는 길은 자기 자신이 되는 것입니다. 세상의 가치와 고정관념을 극복하고 자신으로 살아갈 때 우리의 삶은 웃음 지으며 춤을 출 것입니다. 그리고 높게, 멋있게 날아갈 것입니다.

★ 생각이 자라는 질문 ★

01 니체를 읽다 보면 가장 많이 나오는 단어가 '극복'입니다. 니체가 외치는 자신의 삶을 살기 위해서는 많은 것을 극복해야 합니다. 세상이 강요하는 가치, 도덕 그리고 나 자신의 게으름, 미래에 대한 두려움처럼 극복해야 할 것이 너무나 많습니다.

인간은 극복하는 존재입니다. 극복한다는 것은 한 단계 성장한다는 것입니다. 지금 현재 여러분들을 가장 힘들게 하는 장애물이 무엇인가요? 그것이 바로 내가 극복해야 할 무엇입니다.

02 나의 정신은 복종하는 낙타인가요? 자유를 원하는 사자인가요? 자신의 가치를 창조하는 어린아이인가요? 나의 정신이 어느 단계인지 생각해보고 다음 단계로 변신하기 위해서 무엇을 해야 할지 진지하게 자신과 대화해보세요.

내 삶의 사다리가 되어 줄 니체!

니체는 삶을 이야기 하는 철학자입니다. 그 삶은 '나'의 삶입니다. 내가 만들어가는 삶입니다. 우리가 추구하는 가치, 진리, 도덕들이 나의 삶에 개입하여 나의 삶을 후퇴하게 한다면 그 가치들은 이미 낡은 것입니다. 니체처럼 과감히 부수고 파괴해야 하는 것이지요.

니체에게 삶은 기존의 가치를 극복하고 새로운 가치를 창조할 때 의미가 있습니다. 낡은 것을 부수고 새로운 것을 창조하는 것은 다른 사람이 강요하는 것이 아니라, 나의 삶을 살아갈 때 가능한 것입니다. 자기 자신으로 살아가는 사람은 매 순간 극복하고 상승하려는 힘의 의지가 가득합니다. 허무와 좌절의 고통이 닥치더라도 삶을 긍정할 수 있습니다.

21세기를 살아가는 우리의 모습은 어떤가요? 극복하고 상승하는 삶인가요? 고통 속에서도 긍정할 수 있는 삶인가요? 현대인의 삶은 대부분 그렇지 않습니다. 도전보다는 안정을 추구하고, 극복하기 보다는 유지하는 것을 좋아합니다.

세상의 가치를 완전히 무시하면서 살 수는 없지만, 외부의 가치만 바라보면 가장 중요한 나 자신의 가치를 볼 수 없습니다. 최고의 가치는 점수, 취업, 돈처럼 밖에 있는 것이 아니라 내 안에 있는 것입니다.

우리는 삶을 창조하는 예술가입니다. 거기에는 이렇게 해야 한다, 저렇게 해야 한다는 기준은 없습니다. 나 이외의 타인이 정해 놓은 기준은 가짜입니다. 타인이 강요하는 삶은 내 삶이 될 수 없습니다.

니체가 기존의 가치를 부수려고 했던 이유가 바로 여기에 있습니다. 기존의 가치와 결별하는 것, 그 과정은 외롭고 어렵습니다. 실패할 확률이 높기 때문에 위험하기도 합니다. 비난과 조롱을 받을 수도 있습니다. 이러한 현실의 벽은 극복해야 할 것들입니다. 많은 사람들이 자신의 삶을, 자신의 꿈을 망설이고 포기하는 이유도 넘어야 할 벽이 너무 높기 때문입니다.

그래서 니체를 읽어야 합니다. 니체의 문장 몇 개만 읽어도 정신이 번쩍 듭니다.

"너 자신이 되어라."

"위험하게 살아라!"

"너의 고독 속으로 달아나라."

"사나운 바람이 거세게 불어오는 곳으로 달아나라."

"그대가 마주칠 수 있는 최악의 적은 그대 자신이다."

"창조하는 것, 이것이야 말로 고통으로부터의 위대한 구원이며 삶을 가볍게 만드는 것이다."

"보라, 나는 언제나 자기 자신을 극복해야 하는 그 무엇이다."

이렇게 당당하게 얘기하는 철학자는 없습니다. 그래서 니체는 고민을 풀어주는 친구가 되기도 하고, 우물쭈물하는 나에게 내리치는 번개가 되기도 합니다.

우리가 이 세상을 사는 이유는 바로 나 자신으로 살기 위해서 입니다. 니체가 우리에게 전하는 메시지의 핵심이 바로 이것입니다.

내 삶은 내가 창조하는 하나의 작품입니다. 다른 사람들이 이렇다, 저렇다 평가할 수 있지만 내가 그 평가에 흔들릴 필요는 없습니다. 내 삶을 산다는 것, 그 자체가 위대한 것입니다. 내 삶을 사는 사람들은 모든 것이 가볍습니다. 삶이 가벼우면 모든 것은 웃음이 되고 춤이 됩니다.

기존 가치를 넘어 나의 가치를 창조하는 삶의 예술가로 올라가는 길에 니체의 한마디 한마디는 여러분에게 사다리가 되어줄 것입니다. 이 책을 통해 여러분의 삶도 니체의 사다리를 타고 더 높은 곳으로 올라갈 수 있길 바랍니다.

해	니체	그때 세계는
1844	뢰켄에서 출생	
1845	여동생 엘리자베트 출생	
1846	남동생 요제프 출생	김대건 신부 순교
1848		프랑스 2월 혁명, 독일 시민혁명 발발, 마르크스의 '공산당 선언' 발표
1849	아버지 사망, 몇 달 후 남동생 사망	철종 즉위
1850	나움부르크로 이사	청나라 태평천국 운동 발발
1853		미국 페리제독 일본에 개국 요청, 영국 연합군 과 러시아 크림전쟁, 나이팅게일 활약
1854		일본 개국, 미국과 화친 조약 맺음
1858	기숙사 학교 슐포르타 입학	인도 무굴제국 멸망, 영국이 인도를 직접 통치하기 시작함
1860		최제우 동학 창시, 청나라 영국 2차 아편전쟁
1861		김정호 대동여지도 간행, 미국 남북전쟁 발발, 이탈리아 통일
1863		고종 즉위, 흥선대원군 집권 시작, 링컨 노예해방 선언, 비스마르크 프로이센 수상이 됨
1864	본 대학 입학 : 신학, 고전문헌학 공부	
1865	리츨 교수를 따라 라이프치히 대학으로 옮김, 헌책방에서 쇼펜하우어를 읽고 매료됨	경복궁 중건, 미국 남북전쟁 종료

1866	문헌학자로 이름을 알림	제너럴셔먼호 사건, 프랑스와 전쟁 (병인양요)
1867	나움부르크에서 군 생활	프로이센 주도로 북독일 연방 결성
1868	라이프치히에서 바그너와 처음 만남	흥선대원군 전국 서원 47개만 남기고 폐쇄
1869	바젤대 문헌학 교수로 초빙됨, 스위스 트립센에서 바그너와 교류	미 대륙횡단 열차 개통, 수에즈운하 개통
1870	프로이센 프랑스 전쟁에 간호병으로 참전	프로이센 프랑스 전쟁
1871		미국과 전쟁(신미양요), 척화비 건립, 독일 통일
1872	『비극의 탄생』 출간	
1873	『반시대적 고찰』 출간	흥선대원군 하야
1875		운요호 사건
1876	바이로이트 축제 방문, 바그너와 결별, 피터가스트와 친해짐. 바젤대에 1년간 병가 신청	일본과 강화도 조약 체결, 벨 전화기 발명
1878	『인간적인 너무나 인간적인』 1부 출간	
1879	『인간적인 너무나 인간적인』 2부 출간	에디슨 전구 발명
1880	『아침놀』 출간	
1881	스위스 실스마리아에서 영원회귀 구상 이탈리아 제노바에서 비제의 카르멘을 들음	일본에 신사유람단, 청에 영선사 파견
1882	『즐거운 학문』 출간, 자신의 유일한 시집인, 『메시나에서의 전원시』 출간, 루 살로메와 교제	임오군란
1883	『차라투스트라는 이렇게 말했다』 1부에서 3부까지 집필	

연도		
1884	『차라투스트라는 이렇게 말했다』 4부 집필	우정국 설치, 갑신정변, **청나라 프랑스 전쟁**
1885		배재학당 설립, 광혜원(서양식 병원)설립
1886	『선악의 저편』 출간	이화학당 설립
1887	『도덕의 계보』 출간	프랑스령 인도차이나 성립
1888	『우상의 황혼』, 『이사람을 보라』 등 6권 집필	
1889	토리노 카를로 알베르트 광장에서 쓰러짐	일본제국 헌법 발포, 입헌정치 시작
1894		동학농민운동, 갑오개혁 추진, **청일 전쟁 발발,** 아테네에서 최초 올림픽 개최
1895		명성황후 시해 사건 (을미사변), 청일간 시모노세키 조약 체결, 일본의 대만 통치
1896		서재필 독립협회 설립 고종 러시아 공사관으로 피신 (아관파천)
1897		대한제국 선포, 광무개혁 추진
1898		만민공동회 개최, 독립협회 해산, **청나라 변법자강운동**
1899		최초의 철도 경인선 개통, **청나라 의화단 사건 발발**
1900	뢰켄의 아버지 곁에서 영원히 잠들다	

| 참고문헌 |

〈국가〉 플라톤 지음, 천병희 옮김, 숲

〈그리스인 조르바〉 니코스 카잔차키스 지음, 이윤기 옮김, 열린책들

〈니체 그의 삶과 철학〉 레지날드 J 홀링데일 지음, 김기복, 이원진 옮김, 이제이북스

〈니체 디오니소스적 긍정의 철학〉 백승영 지음. 책세상

〈니체〉 정동호 지음, 책세상

〈니체극장:영원회귀와 권력의지의 드라마〉 고명섭 지음, 김영사

〈니체와 불교〉 박찬국 지음, 씨아이알

〈니체의 고독〉 강대석 지음, 중원문화

〈니체의 인생강의〉 이진우 지음, 휴머니스트 출판그룹

〈데미안〉 헤르만 헤세 지음, 전영애 옮김, 민음사

〈도덕의 두 얼굴〉 프란츠 M. 부케티츠 지음, 김성돈 옮김, 사람의 무늬

〈바그너의 경우, 우상의 황혼, 안티크리스트, 이 사람을 보라, 디오니소스 송가, 니체 대
바그너〉 니체 지음, 백승영 옮김, 책세상

〈변신〉 프란츠 카프카 지음, 전영애 옮김, 민음사

〈비극의 탄생, 반시대적 고찰〉 니체 지음, 이진우 옮김, 책세상

〈사랑하라 : 단 한권의 소크라테스전〉 황광익 지음, 생각정원

〈선악의 저편, 도덕의 계보〉 니체 지음, 김정현 옮김, 책세상

〈쇼펜하우어, 돌이 별이 되는 철학〉 이동용 지음, 동녘

〈쇼펜하우어의 의지와 表상으로서의 세계〉 박은미 지음, 한국철학사상 연구회

〈아침놀〉 니체 지음, 박찬국 옮김, 책세상

〈인간적인 너무나 인간적인 1.2〉 니체 지음, 김미기 옮김, 책세상

〈인생 교과서 니체〉 백승영 이진우 지음, 21세기 북스

〈좋은 유럽인 니체〉 데이비드 패럴 크렐, 도널드 L 베이츠지음, 박우정 옮김, 글항아리

〈죽음의 수용소에서〉 빅터 프랭클 지음, 이시형 옮김 청아출판사

〈즐거운 학문〉 니체 지음. 안성찬 옮김. 책세상

〈차라투스트라는 이렇게 말했다〉 니체 지음, 장희창 옮김, 민음사

〈차라투스트라는 이렇게 말했다〉 니체 지음, 정동호 옮김, 책세상

10대에 마주하는 인문 고전 03
니체, 세상을 넘어 나만의 길을 가다

1쇄 인쇄 2016년 10월 24일 **1쇄 발행** 2016년 10월 28일

지은이 최강순
펴낸곳 글라이더 **펴낸이** 박정화
책임 편집 최영진 **디자인** 디자인뷰 **일러스트** 안희원 **마케팅** 임호

등록 2012년 3월 28일 (제2012-000066호)
주소 경기도 고양시 일산동구 장백로 19 더루벤스카운티 340호 (우.10449)
전화 070)4685-5799 **팩스** 0303)0949-5799 **전자우편** gliderbooks@hanmail.net
블로그 http://gliderbook.blog.me/
ISBN 979-11-86510-29-2 44160
      979-11-86510-15-5 (세트)

이 도서의 국립중앙도서관 출판예정도서목록(CIP)은 서지정보유통지원시스템 홈페이지
(http://seoji.nl.go.kr)와 국가자료공동목록시스템(http://www.nl.go.kr/kolisnet)에서 이용
하실 수 있습니다.(CIP제어번호: CIP2016024731)

글라이더는 존재하는 모든 것에 사랑과 희망을 함께 나누는 따뜻한 세상을 지향합니다.